远一点也没关系

[日]古宫昇 著

陈雪 译

U0366803

机械工业出版社

CHINA MACHINE PRESS

这是一本教你学会保持边界感的书。
当身边有很多烦心事，你感到太累的时候，
就试着去给自己和别人中间划一条分界线吧。
这样的话，能给自己营造一个安全空间。
用适当的距离，
与他人交往，
心情也会变得轻松很多。

「HODOYOI KYORI」GA MITSUKARU HON by Noboru Komiya
Copyright © Noboru Komiya, 2020
All rights reserved.
Original Japanese edition published by Subarusya Corporation
Simplified Chinese translation copyright © 2025 by China Machine Press.
This Simplified Chinese edition published by arrangement with Subarusya
Corporation, Tokyo, through OfficeSakai, Tokyo, and Shinwon Agency
Co. Beijing Representative Office, Beijing
此版本仅限在中国大陆地区（不包括香港、澳门特别行政区及台湾
地区）销售。未经出版者书面许可，不得以任何方式抄袭、复制或
节录本书中的任何部分。
北京市版权局著作权合同登记号 图字：01-2023-1827 号。

图书在版编目（CIP）数据

远一点也没关系 /(日) 古宫昇著；陈雪译.
北京 ：机械工业出版社，2025. 1. -- ISBN 978-7-111
-77468-6

Ⅰ. C912.11-49

中国国家版本馆CIP数据核字第202519A0Z7号

机械工业出版社（北京市百万庄大街22号　邮政编码100037）
策划编辑：张潇杰　　　　　　责任编辑：张潇杰
责任校对：贾海霞　张昕妍　　责任印制：任维东
北京科信印刷有限公司印刷
2025年5月第1版第1次印刷
128mm×182mm・6.5印张・87千字
标准书号：ISBN 978-7-111-77468-6
定价：59.80 元

电话服务　　　　　　　　　　网络服务
客服电话：010-88361066　机 工 官 网：www.cmpbook.com
　　　　　010-88379833　机 工 官 博：weibo.com/cmp1952
　　　　　010-68326294　金 书 网：www.golden-book.com
封底无防伪标均为盗版　　机工教育服务网：www.cmpedu.com

比如说，被别人拜托去做什么事。

是不是会因为太想要"满足人家的期待"？

而过分努力，反而导致自己活得很辛苦？

对别人过度付出、过于迎合时，也会过度防备？

这种令人疲惫的关系是有办法改善的！

为了保护自己，就默默在自己和别人中间画一条边界线吧！

人际关系的烦恼会因此一下子减少很多，自己也会更轻松的！

解决令自己疲惫不堪的人际关系的秘诀

总是在不知不觉中忍不住迎合别人，人际关系使自己特别累……不少人都有这样的烦恼。也有许多人来找我做咨询，请我给一些相关的建议。

"太过在意别人的看法，导致自己说不出本来想说的话。"

"不知不觉间就被别人牵着鼻子走。"

"一味付出让我感觉很不公平。"

"会十分留恋和依赖他人。"

"会把恋爱关系搞得很复杂。"

"不懂得保持人与人之间的边界感。"

"容易被别人利用。"

上述种种，其实都是因为自己在与他人交往时找不到"适当的边界感"，才会感到一种喘不上气的苦闷。

可以说，来找我做咨询的人都有这样的共同点。

你有没有类似的情况呢？

我有一个好办法，可以解决这些烦恼。

那就是，在自己和他人之间划一条刚刚好的"心理边界线"。

只要能做到这一点，你和他人的关系就会一下子变得轻松很多。

任何人都会想要回应他人的期待

你有没有想过，我们一开始是如何变得"不能和别人保持适当距离"的呢？

是因为你会抱有"希望对别人有些帮助""想回应别人的期待"这样的想法。

每个人都乐意帮助别人，谁都不想辜负别人的期望吧。

但如果这些想法过于强烈，人与人之间应该划定的边界就会变得模糊不清。

因此，你可能会过于努力地想去满足对方的所有需求，或者是为了得到他人的认可而过于尽心竭力。有时，这可能会导致双方都在这段关系中受到伤害。例如，有些人要是没有得到对方的关注或认可，就会变得愤怒，并爆发出一些糟糕的情绪。

过去的我，无法和别人划清边界

过去，我也不知道怎样和别人划清边界，保持边界感。

因此，我总是勉强自己去迎合别人的期待，太在意别人的眼光，而陷入"不能说出自己想说的话，也无法做自己想做的事"这样一种状态，总是缩手缩脚。

后来我学习了心理学的相关知识，接受了大量的心理咨询和治疗，并持续致力于自己心理的成长，与过去的自己相比，终于有了很大的改变。

我不用再担心这个，担心那个，也不再殚精竭虑，不再在人际关系中消耗自己。

相反，我可以做自己真正想做的事情，把精力、时间和金钱花在自己喜欢的事情上。我发现，这对于我，以及与我交往的人来说，才是最好的事情。

通过这本书想要表达的想法

难以与他人划清心理边界的人，是出于怎样的心理呢？这是本书首先想要解答的内容。

"为什么我们会无法与他人划清心理边界呢？"

伴随着对这个问题的解答，本书将从心理学的角度，简单易懂地告诉大家，怎么做才能恰到好处地划出这条"心理边界"。

我在书中最想传达的信息是，

你应该重视、尊重和爱自己。

越是能做到这一点，你的人生就会越顺利，周围的人也会更加尊重和重视你。

此外，你原本就具备的优秀品质还能够更加闪闪发光，你的每一天都能过得充实快乐。

以这种方式生活的你，对你的家人、朋友等身边重要的人也会产生最积极正面的影响。来吧，让我们一起迈出第一步，放下生活中不必要的负担，活得更轻松、更快乐。

心理咨询室——辉

主理人　古宫昇

目　录

前言

为什么会过于接近或过于疏远他人呢　17

去了解"自己的类型"吧

首先从这里开始

终止依赖关系的秘诀　51

走出这种"三角戏剧"

四

五

六

建立良好的人际关系并获得幸福的秘诀　141

关于心理咨询的建议

如何以"适当的距离"与人相处

—— 划定"边界线"来保护自己 ——

1

减少人际关系烦恼的妙招

我们可以减少自己的情绪困扰

不管是谁，被别人期待时，都会想努力做到最好，在能帮助到别人时，也会为自己感到高兴。

但是，如果这种感受过于强烈，人际关系就会逐渐变成某种负担，甚至成为一种禁锢。有时，你可能想和某人分开却做不到，或者你本不想听从某些人的意见，但最终却不得已而为之。

如何才能避免这些情况的发生呢？

正如我在前言中谈到的那样，需要在自己和对方之间划出一条恰到好处的心理边界。具体来说，就是要自己先想好：

"到这一步为止，我都可以做，但再进一步就不行了。"

"这是对方的问题，不是我的。"

"我要拒绝他们的要求，但我不会为此感到内疚。"
…………

这些都是在对方和自己之间划一条边界线的好方法，都有保护自己心灵的作用。

在人际交往中，当我们以这种方式划出一道清晰的边界线时，总是会感到松了一口气。因为我们在自己的心中建立起了一个安全区。

通过这种方式，我们便不会离别人太近或太远，从而可以始终保持一个"适当的距离"与对方交往。

而如果你不能适当地明确自己与他人之间的边界，便会产生各种各样的烦恼。

比如，

"说不出自己原本想说的话。"

"被别人请求做什么事时，总是拒绝不了。"

"别人说的话，总是毫无理由地顺从。"

"容易无法控制自己，发泄愤怒。"

"心里总是充满了羞耻感或罪恶感，导致自己总是听从别人的观点。"

…………

上述这些情况中，有符合你现状的吗？

其实这些都是由于自己无法与别人划定清晰的心理边界造成的。

为了更好地守护自己的心灵，划定心理边界是非常重要的。

自我检查：

在人际交往中划定心理边界，来守护自己吧！

2

划定心理边界也是有技巧的

像设路障一样为心灵层层设防，自己也会变得痛苦

关于如何划定心理边界，其实有几个技巧。

其中之一，便是要"恰到好处"或"适度"地划定范围。

有些人为了保护自己的心灵不受伤害，会在心里筑起高高的围墙。

确实，面对具有压迫感或攻击性的人时，好好保护自己的心灵是非常必要的。

但是，当对方并非这样的人时，如果你还是用同样的方式对他们设置屏障，结果会是怎样的呢？

你会变得无法接受对方的善意。

曾经的我就是这样的人。对待任何一个人，我都不会

敞开心扉，总是在心里筑起牢牢的屏障。

正因为如此，我在学校里给老师和朋友的印象是，

"不知道他在想什么。"

"不太容易接近。"

…………

现在回想起来，我发现那时候的自己，其实真的很孤独，日子也过得非常艰难。

因此在这本书里，我想告诉你的是，

如果你是不会划定心理边界的人，

就去努力成为可以划定心理边界的人；

如果你划定心理边界的动作过于用力，以至于在心里筑起了高高的围墙，

那么就努力去成为能把握这个度的人吧。

很多人就像曾经的我一样，总是在心里筑起高高的围墙。无论是那些不能划定心理边界的人，还是那些过度设防的人，他们的心中都会有无法愈合的伤痕。

我希望你能受到书中治疗方法的启发，来疗愈自己的心灵。

过度设防的人

不会划定心理边界的人

不管哪种
都会受伤

自我检查：

去适当地划定"心理边界"。

3

了解"自己是什么类型的人"

如果有人拜托你做一些你做不到的事，你会怎么做？

比如，当你很忙的时候，有人拜托你帮忙，而你根本没办法做到，这时，你会怎么做呢？

此时，能在心中划出边界的人会说："我现在太忙了，可能有点帮不了你。"

或者，你也可以把对方和自己摆在同等重要的位置上，通过和对方商量，达成一个双方都能接受的结果。

无论哪种方式，你都可以用来保护自己，避免承担你需要承担的范围以外的责任。

然而，那些不能划定心理边界的人会是什么样子呢？

他们可能因为说不出拒绝的话，而只能接受；或者即使他们拒绝了，也会为此感到内疚，有负罪感。

这是因为他们把"别人的问题"当成了"自己的问题",总觉得自己该负责任。

当你把本应由对方解决的问题当作自己的问题时,你会变得非常痛苦。此外,它还会使你对别人产生依赖,自己的内心则不再有力量。

而那些边界感过于强烈的人可能会在心里抱怨:"没看到我很忙吗?为什么找我?"并采取直接拒绝的态度。

但是,如果一直采取这种态度待人的话,总有一天会导致人际关系破裂。

这只是一个例子。因为我们每个人与他人交往的方式和感受不同,因此反应的方式也因人而异。但共同点是,每个人都有必要在心中划出一条适当的心理边界。

不能适度划定心理边界的人,往往是因为自己有不信任别人的倾向,才导致有时划定的边界太死板。这些感觉都是由过去情感方面的创伤引起的。

从本书第四章开始,我们将会介绍一些心理疗法,以帮助你治愈自己的情感创伤,请你一定要试试这些方法。

自我检查:

无法划定适当的心理边界，往往是因为自己有过情感方面的创伤。

4

心理边界有2种类型

在他人和自己之间划一条心理边界

关于如何划分心理边界，我们还有一些事情需要了解。

所谓心理边界，有以下 2 种类型。

一种是"与他人的边界"。

比如，"我就帮助这个人到这一步，再往后就不帮了"。这种边界，是在与他人交往的各种关系中，决定"自己做到哪一步，不做到哪一步"的边界。

另一种是"与自己的边界"。

例如，"我今天什么时候结束工作""先完成自己必须做的工作之后，再查看电子邮件"，或者"即使别人再怎么生气或难过，我也不会让自己同样地生气或难过"。这种边界是为了让你对自己的价值观和感受做出某些判断。

　　如果这两种边界都能够被适当地划定，那固然是好的，但其实你也可以先从自己更容易做到的那种开始。

　　从今天起，试着去意识到，你与别人之间，以及与自己之间的边界吧。渐渐地，你就会发现，自己对待他人的方式和内心的感受都发生了变化。

自我检查：

　　试着去设置一些标准，比如，"到此为止就好了，不要再进一步了"。

5

你属于什么模式呢

心理预设有时也会成为我们的束缚

为什么我们会难以划定心理边界呢？这是由童年时的痛苦经历所造成的伤害。

许多情感上的痛苦会被压制在自己都不会注意的、无意识的领域，所以一般情况下，自己很难察觉到。这样一来，我们只能带着尚未痊愈的心灵创伤度过每一天，长此以往，则会在生活中遭遇各种各样的烦恼。有一种很常见的模式是，一个人在成长过程中逐渐形成心理预设或先入为主的观念（参照第三章），这些观念会成为我们在心理成长和人际关系中的阻碍。那些不能在心里适当地划定边界，或者过度封闭自己的人，会表现出以下特点。

感觉自己没有价值

心中总是充满空虚

总想讨好别人

容易暴躁

不知为什么总是内心感到不安

不能忍受自己不被需要

倾向于形成十分紧密的依赖关系

总是在意别人的看法

难以表达自己的真实感受

很难信任别人

有较强的内疚感和自卑感

如果这样的状态一直持续下去，你可能会对人际关系感到厌倦，并感到生活十分痛苦。

那么在心理和人际交往方面，你属于什么样的模式呢？

请一定要仔细阅读接下来介绍的几种特点，并进行自我反思。深入了解自己是改变现状的最关键的一步。

本书将通过简单易懂的方式，向大家说明如何学会照顾好自己，划定适当的心理边界。

主要步骤如下。

（1）了解你的心（第一章）。

（2）了解建立人际关系的模式（第二章）。

（3）了解童年经历的作用（第三章）。

（4）了解带来治愈与成长的"三个目标"（第四章）。

（5）了解如何带来心灵的安稳，以及如何形成舒适的人际关系（第五章）。

（6）学会灵活运用心理咨询（第六章）。

有些问题是你一个人无法解决的，也难以治愈的心灵创伤吧。关于这一点，前面已经说过，这是因为导致痛苦的核心往往被压制在无意识的领域。

关于这些方面的治疗方法，建议在专业咨询师的帮助下进行，以达到治愈的目的。

此外，对于那些想成为咨询师或正在担任咨询师的人来说，想要帮助客户，必须先学会治愈自己的情感创伤。

事实上，多年来我自己也一直在接受心理疗愈，这些关于治愈过程的认识和如何治愈创伤的经验，都会对咨询工作产生非常大的帮助。关于我的治疗经历，详细内容会在第六章中讲述。

自我检查：

开始练习治愈情感创伤，划定心理边界吧。

为什么会过于接近或过于疏远他人呢

—— 去了解"自己的类型"吧 ——

1

心灵的创伤会制造烦恼

如果你一直处在"不自信"中，那么只会重复出现同样的结果

在上一章，我们讨论了自己难以划定心理边界的原因——过去的痛苦经历。

在持续的情感创伤中生活，是非常痛苦的。

因此，我们为了保护自己的心灵不再受到伤害，通常会将痛苦压制在内心深处，尽量让自己察觉不到。

然而，这不但会导致这些创伤难以被真正疗愈，反而会一直跟随着我们。

前面也说过，内心深处的创伤会造成各种各样的问题。

比如，你是否有过以下这样的情况？

"否定自己。"

"不想承认自己的真实感受。"

"把对方放在第一位，把自己排在后面。"

⋯⋯⋯⋯⋯

这些都是对自己没信心，且容易盲目顺从别人的表现。

如果一个人一直处在这种状态中，会发生什么呢？

大概会一次又一次地失去自信，并认为自己是个毫无价值的人吧。

如果你察觉到自己有这些倾向，请用合适的方法疗愈自己的创伤吧。这样你才能重拾自信并建立让自己舒适的人际关系。

接下来，我将告诉你在划定心理边界时需要做的重要的事情。

自我检查：

先去正视和疗愈自己的创伤！

2

你是哪种类型

让我们先来了解一下3种心理倾向

想要治愈由过去的痛苦经历导致的心理创伤，可以做些什么呢？首先，有必要了解自己的心理倾向。

那么，你有以下 3 种心理倾向吗？如果满足其中任何一项，你都有可能会对划定心理边界感到犹豫不决。那么，我们逐一来看一看吧。

（1）总是觉得自己需要被所有人喜欢和认可

如果你缺乏自我价值感，那么你会很难划定心理边界。

缺乏自我价值感，意味着在你内心深处的某个地方，你觉得自己毫无价值。对某些事情，你很容易就会认为自己做得不好，无法肯定自己。

因为觉得自己本来就不行，所以为了能成为一个"有价值的人"，就容易把自己逼得很紧。

比如，

"我必须得到所有人的喜欢和认可。"

"我必须一直保持开朗，并对每个人做到笑脸相迎。"

"我必须是漂亮的。"

"我必须在工作中取得成绩。"

"我必须出人头地。"

…………

有些人长期用这样的想法逼迫自己，甚至为了这样的信念太过拼命，健康也因此受到了影响。

要点：

通过治愈自己内心深处缺乏价值感的一面，把自己从"我必须××"这种带有强迫色彩的观念中解放出来，就能更容易地在自己和他人之间划出一条适当的心理边界。

你有这样的心理倾向吗?

- 对原本的自己十分
  不满意。

- 不明白自己的心声。

- 总是感到内心很空虚。

吃惊

（2）很难想出一些"要重视自己"之类的话

如果你不善于识别自己的真实感受和欲望，不善于正确对待自己，那么就很难划定心理边界。

不少人都觉得："不明白到底什么叫'重视自己'。"

甚至，有些人还会把其他人作为自己在乎自己的理由，比如有人会这么想："这个人需要我，所以我要为这个人照顾好我自己的健康。"

要点：

一些人倾向于逃避自己的真实感受，请参考第三章和第四章，了解如何建立可以说出自己真实感受的人际关系。

（3）有一种想法是"只有先让别人幸福，我才能幸福"

一些无法保持边界感的人可能有一种强烈的感觉，即"没有你我会感到很空虚"。

而且，这些人往往还相信"只要你不幸福，那么我也不可能幸福。如果你变得不幸福了，那全都是我的错"。

当他们相信这一点时，这种信念就会变成现实，从而使他们感到痛苦。

这种信念通常会在给别人出主意或者照顾别人时表现出来。

他们会逐渐卷入对方的问题中，感受到更为沉重的责任和内疚，这样往往会使关系变得更加令人窒息。

因此，特别是对想成为一名心理咨询师，或是像心理咨询师这种为别人提供心理支持的人来说，为了能给对方提供合适的心理咨询或是心理支持，必须放弃这种观念。

要点：

你是否感觉自己的内心是空虚的？这是很多不能划定心理边界的人的感受，使用第四章和第五章中描述的疗法来帮助你自己，学会好好重视你自己吧。

当然，要认知并改掉自己长久以来形成的观念是很困难的。

　　为了让你了解这些信念何时出现以及它们是如何影响人际关系的，从下一节开始，我将介绍两个案例：第一个是一位有志成为心理咨询师的大学生；第二个是我自己的痛苦经历。

自我检查：

　　通过了解自己是什么样的人，可以找到解决烦恼的方法。

3

案例1：无法拒绝对方的要求

缺乏自我价值感是会与人产生共鸣的

"老师，我应该怎么做？"

想成为心理咨询师的大学生祐子小姐（化名）来到我的研究室寻求建议。祐子小姐说自己正因为一个熟人 A 的诉苦电话而备受困扰，她希望能得到帮助。

起初，她热情地给 A 建议，但 A 开始在半夜或不分时间地给她打电话，这使她很苦恼。但是她又没办法拒绝，因为怕伤害 A。

祐子小姐之所以从开始持续遭受 A 的电话困扰直至最后被缠上，原因其实在于她自己的心态问题。

因为祐子有这样的信念——"我必须缓解别人的痛苦""如果对方受到伤害，那跟我就有关系"，所以她才做不到拒绝和 A 聊天。

换句话说，祐子一边因为 A 的电话而感到困扰，同时也在 A 身上有所希求。祐子希望 A 能因为自己的努力而获得解脱和拯救。因此，这种希求导致祐子无法与对方保持适当距离，这其实是祐子内心深处对自己缺乏价值感的体现。

A 之所以一直给祐子小姐打电话，可能也是因为 A 感觉到了祐子对自己也无比执着甚至到了依赖的地步，敏感地察觉到了祐子的空虚、孤独等苦恼吧。

此时，或许 A 的痛苦与祐子缺乏自我价值感的苦恼产生了共鸣，相互吸引了彼此。

祐子小姐要想成为一名专业的心理咨询师，就有必要对自己进行彻底的心理疗愈，诚实地面对自己缺乏自我价值感和感到痛苦的原因，并从根本上好好解决这个问题。

如果祐子不这样做的话，她作为心理咨询师的能力很难得到提升，而且今后还会一次又一次面对同样的痛苦。

自我检查：

> 缺乏自我价值感会导致过度承担责任。

4

案例2：尝试做一个有能力的专业人士

"未得到解决的痛苦"成为诱因

那时，我正为一位患有所谓边缘性人格障碍的来访者提供咨询服务。

患有这种人格障碍的人对感情有着极其深刻而强烈的渴求和空虚感，为了摆脱这种内心的煎熬，他们不由自主地强烈寻求与他人建立亲密关系，希望与对方合二为一地紧密捆绑在一起，因此很难与对方保持边界感。

而且，当这种对感情的强烈渴望无法被满足时，他们还会产生强烈的愤怒。

在给这种类型的来访者提供咨询时，我连续两晚在半夜两点以一种非常痛苦的情绪准时醒来，并且再也无法入睡。

而且，那几天的白天，我也感觉很痛苦，好像心口处被一团什么东西堵住了似的，一整天都感觉很难受。那种感觉就好像有一根无形的软管从来访者的身上伸出来，紧紧地吸附在我的胸口上，把我的"气"吸走了。

当时的我，产生了这样一种需求，那就是"我必须要帮助这个来访者，并且不能让她讨厌我。"这种需求使我非常需要她，还对她产生了依赖。这就是为什么我会将她的"气"全盘接受，并因此使自己感到很痛苦。

后来在我自己接受心理咨询时，我发现自己内心深处有这样一些想法，

比如，

"如果我不是一个能帮助别人的专业人士，那么我在这个世界上就没有存在的价值。"

"我不想被别人抛弃！"

…………

这使我深刻地意识到，小时候从父母那里接收到"你是个不成器的孩子"等类似信息而感受到的痛苦，以及因为没有得到父母承认而产生的悲伤、孤独和愤怒，都还留

在我的心底。

　　也就是说，当时在我的内心深处，其实有着与上文中说到的那位患有人格障碍的来访者相同的尚未解决的痛苦。所以我才会在与他的交流中感到痛苦。

自我检查：

　　如果你自己的情感创伤尚没有治愈，就可能会被轻易地卷入到别人的烦恼情绪中。

5

为什么会被别人依赖

我们心里，其实也需要着对方

人与人的关系都是相互的。所谓依赖，只有在两个人互相需要时才会成立。当我们因为被他人过分依赖而感到困扰时，我们心中也一定会有"想被对方喜欢""想被对方关心"等这些需要对方的情绪。

这种情绪是源于这样的一种感觉，即"如果没有对方，我会很空虚"，以及"如果对方感觉不幸福，那我也不能幸福，如果你不幸福的话，那都是我的责任"。

当想要解决因为被别人过度依赖而感到困扰的问题时，试图去改变依赖你的人或分析这个人的心理是没有用的。

解决这个问题的突破口，在于找出你内心对对方形成依赖和执着的原因，并治愈最根本的心理创伤。关于这一点在第三章之后会更详细地讨论。

正如我们所看到的，一个人越是觉得空虚，感到强烈的孤独和被抛弃的恐惧，就越是容易建立界限模糊的依赖型关系，好避免承受这种痛苦。

关于如何打破这种依赖关系，下一节将会更加详细地讲述。

自我检查：

正视真正的问题是打破依赖关系的第一步。

6

依赖关系有四种模式

你属于哪种模式呢?

接下来，让我们一起看一下人际关系是如何建立的。

难以保持边界感的人倾向于建立的依赖型关系的特征有四种模式。

模式1: 顺从对方。

模式2: 忍不住接近对方，却又因为害怕太靠近对方会被吞噬而感到矛盾。

模式3: 非常害怕遇到愤怒的情绪。

模式4: 常常抱有"受害者"意识或特别意识（总感觉自己是特别的）。

下一节开始，本书将逐一具体分析每一种模式。

需要注意的是，这些依赖关系有时会表现为恋人或夫妻之间的身体或心理暴力。

自我检查：

想一想，这些模式中有没有符合自己的？

7

"顺从对方"的模式是怎样的

在三种应对策略中，我们更容易选择服从

当我们感觉到"如果我不满足对方的期望和要求，我们的关系就会变得敌对，我的正常需求也会遭到拒绝，对方不会接受这样的我"时，我们就无法建立安全的人际关系。

当产生这种感觉时，我们常常会采用以下三种应对策略。

应对策略①

与别人竞争、战斗，并试图打败对方。采用这种方式应对害怕的人，常常看起来咄咄逼人、精力充沛，好像十分强大。但实际上，因为他们经常忍不住攻击别人，与他人争斗，所以他们很不自由。这类人，如果自己的心中涌

现出人类天然的共情、脆弱和好意等柔软的感受时，就会变得焦虑不安。

应对策略②

离群索居，与他人保持距离。很少感情用事，总想着用绝对的理性或道理来处理事情。这种人常常是孤独的，很难感到快乐。另外，要是别人对他们很温柔，或他们自己对他人萌生爱意，并逐渐在情感上拉近距离的话，他们便会感到不安和焦虑。

应对策略③

乍一看，这种人好像很会交际并拥有良好的人际关系，但实际上，他们内心并未得到满足。而且，他们很容易会觉得自己被别人利用了或拿捏住了。

这种时候他们虽然会感到愤怒，但由于他们一愤怒就会感觉更加不安，所以反而会试图变得更加温顺和顺从。

他们通过以顺从的方式欺骗自己的感受，最终因为失去自由而痛苦。然而，这种人还会认为自己的痛苦是因为被人拿捏，自己是受害者。

这三种应对策略的共同点是，它们都来源于虚假的伪装。因此，只要采取了这三种应对策略，就无法构建出满意的人际关系。但不管是谁，都会在不同时间和不同情况下使用这三种应对策略。

其实不懂得保持边界感的人，在这三种对应方法中也更倾向于选择第三种，即顺从别人。他们过于渴望满足对方的需求和要求，以至于选择了自我牺牲。

更有甚者，这些人可能会在与对方交往的过程中感到十分矛盾和痛苦，因为自己既做不到远离对方，又害怕靠得太近会被对方吞噬。我们将在下一节中详细讨论这个问题。

自我检查：

检查自己是否有自我牺牲的习惯。

8

"忍不住接近但又害怕被吞噬"的模式是怎样的

为对方的要求殚精竭虑或火冒三丈，最后受累的还是自己

习惯依赖的人会向别人提出无尽的要求。如果你在与这些人交往时没有边界感，会发生什么呢？

你会一直忙于这两件事：要么在为他们的需求四处奔走，要么在因为他们的无理要求发火。

也就是说，要么在服从，要么在反抗。

这两件事，猛一看可能是对立的，但从根本上说，它们其实是同一件事。因为无论哪一种情况，都是把对方的反应当作了自己行动的基准。

为什么会陷入这样的依赖关系之中呢？这主要是来自

"如果我无法使别人快乐，那我就没有价值"这种自我价值感的缺失，以及"如果不在心理上与他人紧密相连就会孤独得受不了"这种对感情的渴望。

"为了对方"而进行自我牺牲式的奉献是一种不健康的形式。强迫性地把自己奉献给他人，试图逃避自我价值感的不足、对爱的饥渴感与罪恶感。从长远来看，它永远不会使对方或使你自己感到满足。

总有一天，你会无法满足他们的要求，这时你会感到内疚，同时也会觉得"我果然还是不行"，这样一来，自我价值缺失感也会喷涌而出。这是一种非常难过、痛苦的经历。

事实上，这样的关系可以说是童年时痛苦的亲子关系的重演。

有的人小时候，因为过于相信"如果不按父母说的去感受、去思考、去行动的话，就会变成没人爱的小孩，被父母抛弃"，而变得渐渐无法说出、无法感受自己的真实想法。

与此同时，也会对"顺应父母的期望而失去自我"这件事感到恐惧。

即使是为了甩掉这些不知不觉中拖累我们的童年经历，我们也需要正确地治愈我们的情感创伤，并进行建立健康关系的练习。

自我检查：

童年经历的恶性循环需要被打破。

9

"非常害怕愤怒"的模式是怎样的

认为"如果自己说出真实想法会被责怪"

当你还是个孩子的时候，有时会不会这样想？

"如果我太在乎自己真实的想法，就会被责怪甚至被抛弃。"

"我必须按照父母的期望来思考、感受和行动。"

小时候的我不知不觉地把这些想法当作了某种信念。即使我已经长大成人，情况依然没变。

所谓"自己的真实想法"，不仅仅是"我想这样""我想那样"之类的需求，还包括幸福、快乐、悲伤和焦虑等各种各样的感受。但我会尝试封印自己身上自然涌现的需求与感受，反而试图满足对方的要求。

在我做心理咨询工作的同时，自己也接受了各种各样的心理治疗，在这个治愈的过程中，我才逐渐意识到自己竟然一直抱着这样的想法。

恐怕我们大多数人在童年时期都不同程度地有过这样的想法。

这些想法越是强烈，情感上的伤痕就越深。虽然我们已经长大成人，但还是难以感知到自己的真实想法，最终变得容易对他人言听计从，并且时常有一种无力感。

有一种"真实的感受"叫作"愤怒"，这也是一种十分重要的情绪。

如果感到愤怒，你就好好感受这种愤怒的情绪并将其表达出来。这原本是十分正常的事。

但如果当一个人在童年时期，因为表达了自己的这种愤怒情绪而遭到不好的对待，就会渐渐认为"不能表现出愤怒，这是危险的"。

其后果是，我们可能渐渐会相信"愤怒会把一切都搞砸，是极具破坏性的危险情绪"；或与之相反，认为"即便自己发了火、表达了自己的感受和想法，也无济于事"，而更加充满无力感。

事实上，当人们因为"可能会被重要的人抛弃"而感到恐惧，或因为自己被对方束缚而感到快要窒息时，都会产生强烈的愤怒。

然而，如果内心有"如果我表达愤怒就会被攻击，我珍惜的一切也都会被我搞砸"这种极端的想法，就会在一瞬间否定自己的愤怒情绪，指责自己为什么会这样想，最后会导致自己越来越缺乏自我肯定。

因为越是没有边界感的人就越害怕愤怒，并且往往习

惯于压制这种情绪，这些积累的愤怒最终会在某个时刻爆发出来。

愤怒，有时也表现为被动或消极的反抗。

比如，选择用"不小心"忘掉某件重要的事情，或不和对方说话之类的方式来回应对方。这样的人，通常会觉得"我无权生气或提出要求"。

只有当这种被动和消极的反抗把对方惹得生气时，他们才算通过这种反抗对方的形式表达了自己的愤怒。

自我检查：

愤怒是很重要的情绪，表达愤怒是件自然的事情。

10

"有受害者意识和特别意识"的模式是怎样的

受害者意识可能会导致进一步的伤害和无助感

在下一章中，我们将会讨论"三角戏剧"这个话题。

"三角戏剧"，是指在人际关系中分别扮演受害者、迫害者和拯救者的角色，并且这三者会形成依存关系的模式。

尤其是受害者这一角色，会产生一种特殊的"受害者意识"。这种"受害者意识"很容易催生出"特别意识"，觉得自己是特别的，别人为自己做什么事都是理所应当。而这种"特别意识"会将"受害者意识"进一步加深，加剧这种意识给人带来的痛苦。

如果我们总觉得，"自己理应被重视，却并没有得到重视"，"理应得到温暖、善意和表扬、关爱，却没有得到"，我们会变得怎样呢？

"我大概不值得被爱吧。"

"我大概没有资格被别人重视吧。"

实际上，很多人会产生这样的想法。正因为这种想法本身就是一件令人非常痛苦的事，所以他们通常会希望得到"特别对待"来消解这种痛苦。

比如，有些顾客会对店主或店员说："我都花钱了，你做这点事不是应该的吗？"他们认为这是理所当然的，没有意识到自己是在要求"特别对待"。

但是如果你在一旁听到他们的谈话，一定会感到不舒服。这是因为他们的言行是极具攻击性且充满愤怒的，他们在向周围传播这种愤怒。

这种希望获得"特别对待"的想法，会使自己变得更加不堪和不幸。

这种要求"特别对待"的行为，其实是源于"受害者意识"的心灵创伤。这些痛苦其实是可以解决的，关于心灵创伤的治愈与成长，我将会从本书的第四章开始详细讲述，希望能对各位读者有所帮助。

自我检查：

　　要求"特别对待"的想法会让你更加痛苦，请一定注意。

首先从这里开始
终止依赖关系的秘诀

—— 走出这种"三角戏剧"

1

为什么我们不能说出自己的真实感受

首先要了解"三角戏剧"这种畸形的交流方式

难以划定心理边界的主要原因，在于儿童时期痛苦或恐惧的经历所带来的一些先入为主的想法。

孩子们倾向于相信"周围发生的一切，全都是由我造成的"。

因此，一旦父母心情不好，或者生气难过时，孩子们往往会认为"爸爸妈妈生气了或者难过了，都是因为我不好"。

更有甚者，孩子们还会相信"我不是个好孩子，所以爸爸妈妈才会拒绝我的要求，他们不会爱我了"。

我猜，大多数孩子都会不同程度地经历这种内疚和自责。

但是，如果这种内疚自责的状态一直持续下去，他们可能会由于过分在意而努力"不被别人讨厌""不使别人变得不幸"，最终使自己陷入内耗。

甚至，他们还会相信："做自己想做的事，是一种以自我为中心的表现，这是错误的，因为它会伤害别人。"

随之而来的是，他们会先入为主地产生下面这些观念：

"如果我强调自己的真实感受就会被拒绝。"

"如果只做自己想做的事，就不会被爱。"

"我只能隐藏自己的真实想法，努力成为别人认可的人。"

在家庭互动模式中，有一种会导致孩子不得不隐藏起真实感受并按照父母的期望行事的情况，这就是"三角戏剧"模式。

在"三角戏剧"的交流模式中，每个人会各自扮演受害者、迫害者和拯救者这三种角色。这种模式的互动交流会使人相互依赖又相互伤害，让人感觉非常糟糕。

人与人之间，如果陷入这种交流模式，很容易就会变得极端依赖，无法从各自"饰演"的角色中跳脱出来。

回顾我成长的家庭环境，"三角戏剧"模式的交流时常发生。

比如我的母亲责备了我，而我很不喜欢那种因为被责备而深感内疚的感觉，所以会压抑自己的感情和欲望，忍气吞声。

所以，在我的潜意识中，我成了一个可怜的受害者。而某些情况下，我又会指责和控制我的母亲和妹妹，让她们感到内疚，从而要求她们按我说的去做。但是在这种关系下，没有一个人是幸福的。

你是否在与你身边的人进行这种"三角戏剧"式的交流呢？

如果你觉得，只要有一部分与自己的状态是吻合的，那么在你成长的家庭环境中，可能或多或少地重复上演着这种"三角戏剧"式的关系。我们将在下一节更详细地讨论这个问题。

自我检查：

回顾一下，自己是否在重复演出"三角戏剧"。

2

关于"三角戏剧"，你需要知道这些

相互依存却没有结果的关系

"三角戏剧"是一种人们相互依赖，并会因此陷入痛苦的人际关系模式。

陷入"三角戏剧"陷阱中的人们，由于没有在自己和对方之间划出适当的边界，只好以一种边界感模糊的方式与对方交流，冒冒失失地侵入对方的内心，最终导致互相伤害的结果发生。

理想的交流方式，是清楚地了解自己的真实感受，并能够向对方诚实地表达。对于对方的想法，也能够在自己可以接受的范围内予以尊重。

这才是一种能在人与人之间划定恰当的心理边界的、健康的人际交往模式。

换个角度想想，如果一直保持着模糊的边界与人交往的话，会产生什么样的后果呢？

可能会过于优先考虑对方，然后变成责怪对方，让对方感到内疚，还有可能会把对方当成弱者而瞧不起他们。

在这种混乱无果的"三角戏剧"式关系中，受害者、迫害者和拯救者相继登场。

受害者往往坚信自己是一个可怜的人，是他人的过错导致自己不幸福，而此时那个对自己不好的人（受害者自己心中如此认为）是迫害者。

受害者往往会试图让别人扮演拯救自己的角色。

这三种角色由参与者循环扮演，角色因人而异。有些人以受害者的角色开始这种"三角戏剧"，而有些人则是从承担了拯救者的角色开始的。

几乎不会有人会主动想要做迫害者的角色，接下来我会带大家详细了解这三种角色。

自我检查：

受害者和拯救者，你更有可能成为哪种角色？

3

你在扮演什么角色

了解这些角色各自的作用

受害者角色是什么？

"三角戏剧"往往是从扮演受害者角色的人开始的。

受害者通常不会意识到自己要对自己的人生负责，而倾向于认为自己的生活是取决于其他人的。

他们认为自己的不快乐是别人或命运造成的，因而不会想着为自己的感情和行为负责。他们通常会觉得世界对自己很冷漠，自己是一个可怜的受害者。

受害者也分两种类型：

一种是"悲伤的受害者"，他们往往自怨自艾，哀叹自己有多么可怜。

另一种是"愤怒的受害者"，他们会表现得外强中干，怒斥别人对自己做了多么可恶的事，愤怒地指责别人的行为。

不管是哪种类型的"受害者"，他们总是在寻找一个攻击、指责自己的迫害者，和一个能为自己的痛苦承担起责任的拯救者，并且还会试图用指责和负罪感来操纵他人。

换句话说，受害者会让别人成为迫害者，让对方为自己的不幸负责，并有理由去指责他们。

而当被指责为迫害者的人感到内疚，然后准备采取行动为受害者做些什么的时候，他们自己便掉进了这种"三角戏剧"的陷阱中了。

拯救者角色是什么？

不想成为加害于别人的迫害者是人之常情。因此，当一个人越想被看作好人，就越容易陷入拯救者的角色，并且往往很难摆脱。

尤其是小孩子，他们很容易认为"父母的幸福或不幸都是自己造成的"。即使长大成人，小时候留下的这种想法带来的痛苦经历也会一直循环往复，这导致他们在不知不觉间就会开始相信别人的不快乐是自己的责任，自己必须帮助他们，从而无法在自己和他人之间划定适当的心理边界，最终不由自主地承担起了拯救者的角色。

拯救者希望通过帮助他人和被他人需要来确认自己的价值，因此他们往往需要一个受害者来实现这一愿望。

此外，拯救者也最终会成为受害者。因为，虽然成为拯救者的真正原因是为了从"我是没有价值的人"这种痛苦的想法和负罪感中逃脱出来，但他们自己会认为自己是为了别人。他们借自己"是为了别人"的名目牺牲了自己的需要和感受。

拯救者内心深处真实的想法其实是，"我为你做了这么多，你也应该牺牲自己。"另外，拯救者的帮助往往会使受害者无法成熟到对自己的人生与幸福负责任。因为在拯救者无微不至的帮助下，他们不独立也完全可以。

我认识一位女生，她牺牲了自己准备高考的学习时间，替她正在上大学的男友写作业和报告。为了让她的男朋友持续需要她，她牺牲了自己的需求，成了一个拯救者。

扮演拯救者的角色，对自己和别人最终都没有好处。因为为了成为拯救者往往需要牺牲自己的需要，长此以往自己也会变成受害者，进而感到愤怒、委屈。但对方却不会做出改变，还像以前一样不成熟且依赖自己。

迫害者角色是什么？

迫害者，如同字面意思一样，就是对别人不好的人。

我们大多数人都不喜欢扮演迫害者的角色，因为我们在成长的过程中一直被教导"必须当一个好孩子"，并且坚信"只有好孩子才有人喜欢"。不仅如此，我们还可能因为过于害怕成为迫害者，从而试图成为受害者或拯救者，掉进"三角戏剧"的陷阱中。

为了摆脱"三角戏剧"的陷阱，你需要感受自己内心的真正想法，并将这种想法诚实地表达出来。

如果你不想成为受害者或拯救者，那就试着表达自己的真实感受，并以此来摆脱这种"三角戏剧"吧。你需要对自己的感受和行为负责，而不是把这些都归因于别人的过错，同时你也需要拒绝对他人的感受和行为负责。这时，如果对方也能认识到事实的真相，并为自己的行为和感受负责，说出真实想法，那么这种"三角戏剧"式的关系也会到此结束。

然而，"三角戏剧"的参与者往往会激烈地抵制所有人逃出这个陷阱，尽管这种关系非常不健康。那些继续在陷阱里扮演角色的人多半还会对你进行指责吧。

如果你不屈服于这种对抗，坚定地与其他人划定心理边界，并能直言自己的真实感受，试图摆脱这场"三角戏剧"，那么在其他参与者眼中，你可能会被视为迫害者吧。为了形成一段健康的人际关系，你需要做好被视为迫害者并被厌恶的心理准备。

如果有了上述觉悟，那么你拥有一段健康的人际关系的可能性将会大大增加。所以，请你一定要相信自己所拥有的力量。

自我检查：

表达自己的真实感受，断绝不健康的关系。

4

自我肯定感降低的原因

你是否背负了太多父母的责任?

很多难以适当划定心理边界的人除了在家庭关系中时常进行"三角戏剧"式的交流,还在成长过程中扮演了"父母的角色"。

因此,我们来了解一下那些"背负了父母的责任"的孩子吧。

对孩子们来说,随着身心的成长,逐渐承担起适当的责任,比如,给父母帮忙或在合理范围内照顾兄弟姐妹等,这对其心理和社会属性的发展是必要的。

然而有些孩子却背负了与年龄不相称的、本应由父母承担的沉重的责任。这是因为父母和孩子之间没有划清心理边界。

比如，仍在成长中的长子或长女要像小小的父母一样去全盘照顾年幼的弟弟妹妹，或者周旋于爱吵架的父母之间为两者劝和等。

这种背负了与他们成长阶段不相称的、沉重责任而长大的孩子，就是"背负父母责任的孩子"。

我在美国做心理咨询师的时候，一位患有抑郁症的女士来到我的办公室。

她说："我的孩子太我行我素，根本不听我的话。"

这位女士带着一个上小学的女儿和一个上幼儿园的儿子，她的样子看起来十分沮丧且烦躁，说自己很讨厌家里到处都是脏兮兮的样子，还说自己对孩子们大喊大叫的样子也让自己感到很心烦。

听了她的这番话，她那上小学的女儿马上一个劲儿地向她保证：

"我会打扫卫生的！"

"我会照看好弟弟的！"

"以后我都会让他安静点！"

这就是一个"背负父母责任的孩子"的典型例子。

"背负父母责任的孩子"为了维持家庭的和睦而承担了过多责任，因此他们会渐渐产生"绝对不能失败""失败的话就不是好孩子"这些想法。

另外，在他们的成长过程中，也无时无刻充斥着"如果我失败了，怎么办？""如果我的失败导致父母不再爱我了，怎么办？"这种恐惧。

这些孩子背负的责任太大了，全都是小孩子所无力承担的。

例如，像父母一样照顾好年幼的弟弟妹妹，或者把经常吵架的父母变成恩爱的夫妻，这些都是他们不可能做到的。

因此，这些孩子会不断重复这样的经历：觉得自己失败了，或认为自己没有做好这些应尽的职责。

这样就导致了他们在成长过程中缺乏自信，认为自己不够好，自我认同感低下，还饱受完美主义的折磨。

成年后，他们可能会觉得自己从来没有过童年，而在心中又会时常存在着一种爱的饥渴感，不断索求着本应属于孩童时期的情感慰藉，因为他们觉得自己小时候从未得到过这种爱。

你为什么容易被他人的情绪左右

背负着父母责任成长的孩子，常常无法与父母划清心理边界。因此，即便在成年后，他们也会牺牲自己来取悦恋人或朋友。

尤其是面对对方的愤怒、悲伤和孤独等负面情绪时，他们会不遗余力地想要帮对方缓解这种情绪。他们很容易感知到对方的情绪并受其影响，以至于自己的愤怒、悲伤、寂寞等负面情绪也很容易被激起来，并因此感到痛苦。

而且他们倾向于认为让对方不被痛苦的情绪折磨是自己的责任。有些人还时常会去照顾有强烈情感需求的人，让对方对自己产生依赖，从而通过被对方需要来填补空虚。

这种情况对你来说是否有些熟悉？

第五章中介绍了治愈这种情感创伤的方法，如果上述这些话题唤起了你类似的感觉，可以详细阅读一下第五章。另外，自己能做的事毕竟是有限的，当你感觉光靠自己做一些事情有些吃力时，我建议你阅读第六章，并向心理咨询师寻求帮助。

自我检查：

通过治疗和心理咨询来治愈感情饥渴感。

5

如何断绝依赖关系

请注意这三种模式

某些人在童年时期就难以同父母划定心理边界的话，即使长大成人，也有很大可能继续发展出类似的关系。

一般来说，他们倾向于通过以下三种形式来继续这种关系：

（1）继续与父母保持过于密切的关系。

（2）继续与一个极度缺爱的人保持过度依赖且边界感模糊的恋爱、婚姻或朋友关系。

（3）通过操心他人的感受和需要，继续与他人保持情感上极度依赖的关系。

这样边界感模糊的关系，是童年时某种认知模式的复现，即"自己需要对父母的幸福或不幸福负责，所以自己必须成为一个好孩子，才能使他们幸福（或使他们不会不幸福）"。

这样的人扮演着拯救者的角色，认为别人不快乐是自己的问题，帮助别人快乐起来是自己的责任。

很多社会工作者、照护师等从事福利工作的相关人员和护士等从事医疗相关工作的从业者，以及学校教师、心理治疗师等以帮助别人为职业的人，他们在其自身成长的家庭环境中，可能都承担了拯救者的角色。

可能在许多助人者的心中，多少都存在着想要通过帮助别人或被别人需要和尊重，从而实现自己的价值这一愿望。然而这也意味着，他们帮助别人的动机其实是源于自我价值感的缺乏。

当他们的帮助不成功时，这些人可能会感到自己作为一个人的价值受到了威胁并心情低落。因此他们会对"不能成功帮助别人"有着强烈的焦虑和不安感。

更有甚者，由于他们希望被用户、病人、咨询者和学生等他们提供帮助的对象所需要，他们可能会因此对对方产生依赖或伤害对方。

因此，从事助人性质职业的人们更应该时刻注意防范类似情况的出现。这种情况尤其可能发生在心理治疗师身上，具体内容会在下面的专栏中详细介绍。

自我检查：

如果你的工作内容是帮助别人，那更需要特别注意。

【专栏】 心理咨询师也很难划出心理边界吗

在想要成为心理咨询师的人中，偶尔会有一些人希望通过治疗别人，最终来治愈自己的心灵。

许多自称心理咨询师并向咨询者提供帮助的人，似乎只能提供表面上的帮助，来访者只是暂时感到轻松或稍稍能振作起来，但过了一段时间后又会恢复原状。

如果咨询师并不想止步于此，想提供更为长远和根本的帮助，那么就需要深入来访者的内心世界。

在进行这样的心理治疗时，咨询师本人虽然是一个有血有肉的人，却需要把自己当作工具使用。因此，咨询师越是深入受访者的心灵，其自身未解决的情感伤痛也会越发显现。

因此，咨询师为了进行"真正的心理咨询"——促进来访者更深层的疗愈和成长的心理治疗，在练习以及实践的过程中，自己的痛苦也会渐渐展露出来。

这其中最常见的是，像"自我价值感缺失"等这种自己之前并没有充分意识到的痛苦，会以各种各样的形式清晰地显露出来。即使是咨询师自己，在此之前也很难清晰地意识到自己的心中到底有多少诸如"自我价值缺失"这样的痛苦情绪。

并且，他们也并没有意识到自己其实是为了消除因缺乏价值感而产生的痛苦，才会选择为别人提供咨询。

他们会坚信，自己是为了帮助有需要的人。

也就是说，心理咨询师在他们自己的头脑中也存在着矛盾或分歧。

在这种状态下，他们越是提供触及来访者痛苦情绪的深度咨询，也就越是容易触及自己的痛苦情绪。这样下去，是无法通过有效的咨询促进来访者长久和根本改变的。

而且，在生活中，我们所付出的和给予的，最终都会回到我们身上。因此咨询师如果在缺乏自我价值感的前提下提供心理咨询，那种缺少自我价值感的创伤会因为"来访者没有变好"这件事而进一步加深，从而进一步遭受打击和痛苦。潜在的缺乏自我价值感，会引发更多相似的情感体验。

因此，正在从事或即将成为心理咨询师的人，自己首先需要接受深度的心理咨询，以获得通过书籍、讲座和研讨会等方式无法获得的更深层次的情感方面的自我洞察力，还应致力于治愈、化解自己成长过程中的心理创伤，努力成长才行。

只有这样，你才能发展成为一名有能力帮助别人的合格的心理咨询师。因为你只有先治愈自己、改变自己，才能帮助咨询者们实现他们的改变。

如何能坦然地说出你的真实想法

—— 这"三个目标"将会支持你 ——

1

为了治愈与成长，你需要了解这些

注意不要让自己变得被动

与别人保持适度的边界感，会减少很多关于人际关系的烦恼。

从现在开始，一定要在心里告诉自己："为了自己，也为了身边的人，我要更加重视我自己。好好与别人划清心理边界。"

这是非常需要勇气的，因为你将以不同于过去的方式建立人际关系。你必须要坚定自己的想法，明确"我可以做到这一步，但再要求我往前一步就不会做了"，并勇敢地表达自己的意志。

另外，还有一件事也需要注意。那就是当你感到困顿时，不要自我否定，认为自己做不到，不要因为感到内心空虚而轻信别人的想法，不要顺从别人的要求。

　　这种被动的模式往往在我们还没有注意到的时候就一直在自然而然地进行着。曾经的我就产生过这种倾向，倒退回了和对方互相依存的关系，并且反复陷入这种依赖和不断回应对方需求的关系中。

　　多年来形成的思维和行为模式越是根深蒂固，你就越容易不断地陷入这种关系中。

　　然而，一旦你回到最初的状态，等待你的将是由依赖

关系而产生的、极端痛苦的人际关系。

因此，摆脱被动的态度，学会划清心理边界是非常重要的。不要着急，多花一些时间和耐心，一步一步慢慢地练习如何划清心理边界吧。

你要想想，你的感受完全属于你自己，你的人生也要完全由自己负责。这样想来，

"要更爱惜自己。"

"要好好在心里划清边界。"

你应该就可以像这样下定决心了。

虽说不可能一开始就做得很完美，其实也没有做得完美的必要。首先能像这样下定决心，你就已经迈出很大的一步了。

接下来，为了与他人划定心理边界，获得治愈与成长，还有这样一些目标需要我们达成，也就是接下来的"三个目标"。

（1）重新觉察自己真实的欲望、感受、情感和思维方式。

（2）允许自己不必为他人的感受负责。

（3）允许自己幸福。

从下一节开始，我将会通过具体事例，对上述的各项内容进行更详细的说明。

自我检查：

为自己设定这三个目标吧。

2

去掌握这"三个目标"吧

从幸子小姐的经验中学习

前面介绍的三个目标，分别是

（1）重新觉察自己真实的欲望、感受、情感和思维方式。

（2）允许自己不必为他人的感受负责。

（3）允许自己幸福。

接下来我向大家介绍幸子小姐（化名）的经历，介绍她是如何实现每个目标，治愈自己并实现最终成长的。

幸子小姐是一位二十多岁的女性，曾经有过一段包括辍学经历在内的非常艰难和痛苦的人生经历。

幸子小姐在十六岁时辍学了。她从小到大都很自卑，觉得自己是个失败者。然而在接受心理治疗的过程中，她意识到了好好生活，活出自己的人生的重要性。

当她开始审视自己当下的感受时，她注意到了自己身上的微小变化，并且逐渐开始学会认可自己。渐渐地，她放弃了"责备自己的游戏"，开始学着感谢自己，对"正在努力进行着改变"的自己说一声谢谢。

她的经验是，要与父母以及其他重要的人保持健康的边界感，学会自己呵护自己，并要把自己逐渐培养成能够更加珍惜自己的样子。

幸子小姐的经历与感悟（以下为自述）

16 岁没上学的那个时候，我发觉到自己一直在进行自我否定。

那时的我一直在心里悄悄自责，觉得不能去上学的自己实在是太差劲了。我的父亲也因为我不去上学的事十分生气。

表面上，我一直在反抗我的父亲，但其实自己心里也觉得给父母添了许多麻烦，十分痛苦。

"我不去上学，爸爸妈妈一定会以我为耻。而且我活在这世界上没有任何价值，只是凭空浪费钱罢了。"那时的我，脑海里总徘徊着去死的念头。

我自卑的原因其实是因为自尊心太强。在社团和补习班里，我总能受到表扬和认可，渐渐地我也认为自己是个好学生。为了能保住"优等生"的地位，我继续拼命努力地学习。当我能取得好成绩的时候，我的感受倒还好。但当我不能再扮演好学生的时候，我就彻底崩溃了。

其实一直以来，我心里都看不起那些不上学的人，认为他们是"没用的人"。所以当我自己不上学后，我开始觉得自己也是个没用的人，当初看不起别人的想法，如今压垮了我自己。

不能去上学，从优等生的地位上跌落下来，都使我痛苦至极。我开始向心理学寻求帮助，去参加了一个叫"积极心理学"的课程。

然而，虽然我在别人面前会表现得积极，但在内心深处有一部分还是很消极的。结果，我开始讨厌怎么也无法变得积极的自己，又开始陷入自我责备的情绪了。心里想着"我必须变得更积极"并为此努力，又把愤怒或悲伤之类的消极情绪强压在了心里。

就在那时，我简单接受了一些心理咨询治疗。

以此为契机，我意识到自己对父亲有很多愤怒的情绪，我气得发抖，在咨询师面前"哇——"地哭了出来。

当时的感觉，就好像是一直以来压抑住自己情绪的盖子终于被打开了。

从那时起，我学会了独自在房间里哭泣，生气的时候就捶打枕头。

与此同时，我也渐渐变得能够跟母亲讨论我的感受了，例如，我对父亲的不满、对祖母的怨气，还有今天遇到的讨厌的事情等。

通过这些经历，我开始逐渐意识到，之前的我并没有活出自己的人生，我只在乎怎样才能被父母、老师和朋友喜欢、认可，如何才能做一个他们眼中的好学生、好女孩。

于是我决定，"从当下开始，我要过完全属于我自己的生活。"

这时我才发现，我从来没有想过自己要什么。

所以我就试着先去感知自己的情绪与感受，询问自己，

"我现在感觉如何？"

"我现在想做什么？"

随后我渐渐意识到，无论是开心或快乐这样的积极情绪，还是愤怒或孤独、悲伤或沮丧这类的消极情绪，于我而言都是很重要的。

这听起来或许很奇怪，但我认为，对个体的灵魂而言，不管是积极的还是消极的情绪，只要能感知到就很

好，感知本身就已经是一种快乐。

即便是责备自己，也会对自己产生刺激。

其实我是一直在玩"责备自己"这样的游戏。如果是以前的我，被别人说"是你自己选择了责怪你自己吧？"之类的话，我一定会勃然大怒，但其实这一切就是我选择的。当我意识到这一切时，自然而然地就会转变想法，"干脆选择不要责怪自己就好啦。"

从那时起，每当我发现自己在责怪自己时，

我就会问自己："这真是我想做的事情吗？"

而答案总是，"嗯，确实不是，那么就不要这样做了。"然后我就会停下来。

每当我觉得失去信心或准备自责的时候，我都会试着在自己身上找到小小的成长或变化，然后拍拍自己的胸脯，肯定一下自己：

"我已经做得很好啦。"

"与 16 岁时相比，想去死的念头越来越少了呀。"

比起责怪自己，如今的我能将更多的精力投入到如何让自己更好地生活。

这种改变的开始就是去留意、去体会自己的"真实感受"。

我问自己想要什么，不想要什么，努力重视自己的真实感受，我还决定停止自我责怪的游戏。当我持续这样做时，很多变化就在不知不觉中发生了。

你是为了使自己变得更好而读这本书的吧？仅仅因为这件小事，我也希望你可以给自己一点肯定："我已经为有所改变而做出了努力，要对自己说声谢谢。"像这样去认可自己，感谢自己。

首先要认可自己。即便有一些事情最终没有做到，也要认可为之付出过努力的自己。

当你学会在一件件的小事上认可和感谢自己时，这颗种子就会一点一点地长大。

自我检查：

治愈心灵创伤，需要更加认可自己、重新定义自己。

3

感受自己的真实想法并去接纳它

什么样的感受都试着去接纳，而不是批判

在幸子小姐的故事中，出现了前面介绍的三个目标以及如何实现每个目标的过程。

接下来我会引用幸子小姐的故事，来分析她是如何实现这些目标的。

首先来看第一个目标"重新发现自己真实的欲望、感受、情感和思维方式"。

治愈和成长的过程是一个重新发现并培养真实自我的过程。

在这个过程中，必须要学会感受自己的真实需求和愿望，而且要去认可和接受，而不是批判它们。

现在的自己有什么样的感觉？正在想什么？想干

什么？把注意力放在这些事情上，不要用"你不能这么想""只有水平很低的人才会这么想"这样的话来批评自己，最重要的是接纳自己。

这时，除了感受头脑中产生的情绪或想法，将注意力集中在此刻身体的感受也会对我们产生帮助。

比如"我感觉到冷空气从我的鼻子里进来了""我吸气的时候胸部也挺起来了""嗓子眼有点难受的感觉"等。

除此之外，还有"左胳膊好沉啊""脖子后面有点绷紧了""我能感觉到坐着的椅子顶着我的屁股""我能听到外面的汽车声""我的嘴巴有点干"等，请集中精神感受身体感知到的一切。

像这样聚精会神地注意自己身体的感觉，而并不以好坏或值不值得去判断它们，只是单纯地感受，这有助于你诚实地接受自己的情绪和想法。而且有意识地关注自己这件事本身，就是重视自己、认可自己的一种体现。

此处，我们再次以幸子小姐的经历为例。（以下内容为自述）

通过这些经历，我开始逐渐意识到，之前的我并没有活出自己的人生，我只在乎怎样才能被父母、老师和朋友喜欢、认可，如何才能做一个他们眼中的好学生、好女孩。

于是我决定，"从当下开始，我要过完全属于我自己的生活。"

这时我才发现，我从来没有想过自己要什么。

所以我就试着先去感知自己的情绪与感受，询问自己，

"我现在感觉如何？"

"我现在想做什么？"

随后我渐渐意识到，无论是开心或快乐这样的积极情绪，还是愤怒或孤独、悲伤或沮丧这类的消极情绪，于我而言都是很重要的。

这听起来或许很奇怪，但我认为对个体的灵魂而言，不管是积极的还是消极的情绪，只要能感知到即可，感知本身就已经是一种快乐。

当你开始以这种方式感受自己的真实想法和欲望时，比如你可能会在早晨醒来时想："我想吃 × × 面包。"

如果迄今为止，你一直都在无视这种欲望，对自己说"不用特意出去买面包了，家里还有别的东西可以吃"，从现在开始，你可以试着出去买那个面包。如果你突然想吃香草冰淇淋，即使是在冬天，也大可以出去买些香草冰淇淋。

你想做些什么的时候，不要拦着自己，直接去做就好了，这会成为你开始学会重视自己的开端。

自我检查：

首先，当你想做什么的时候，试着直接去做。

4

表达真实的情感会产生变化

做出行动是为了避免感受到自己真实的情绪

诚实地表达真实的感受并不意味着要对别人大喊大叫、对人刻薄或施以暴力，这些行为在心理疗法中被称为"行为化"，其目的是为了避免感受自己真实的情绪。

从本质上讲，表达自己的感受和愿望，是指面对一个可以全盘接受自己这些表达的对象，一边感受着自己的真实情绪，一边将其用语言表达出来。如前面介绍的幸子，她通过接受心理咨询，逐渐感受到了自己一直压抑着不愿去接受，或者一直以来刻意忽视的真实情绪。

我简单接受了一些心理咨询治疗。（以下为自述。）

以此为契机，我意识到自己对父亲有很多愤怒的情绪，我气得发抖，在咨询师面前"哇——"地哭了出来。

当时的感觉，就好像一直以来压抑住自己情绪的盖子终于被打开了。

从那时起，我学会了独自在房间里哭泣，生气的时候就捶打枕头。

与此同时，我也渐渐变得能够跟母亲讨论我的感受了，例如，我对父亲的不满、对祖母的怨气，还有今天遇到的讨厌的事情等。

幸子小姐就是这样，先是在接受心理咨询时变得能够表达自己的感受，接下来在独处的时候变得能够感受和表达自己的情绪，再到后面，也能够和母亲讨论自己的感受了。就是在这样的过程中，幸子小姐逐渐变得能够接纳和认可自己的真实想法了。

自我检查：

当人们能接受你的情感时，你也会逐渐认可自己。

5

用想象来治愈伤害

先做个深呼吸

很多人内心深处，都留存有小时候因为觉得自己没有得到父母或其他重要他人的爱而产生的孤独和受伤的感觉。这种感觉越是强烈，他们就越担心自己会不会被拒绝，是否能得到爱，也就越难接纳和重视原本的自己。

接下来，我会告诉你如何使用想象来治愈自己心里潜藏的创伤。

找一个安全的地方一个人坐着，闭上眼睛，慢慢地做几次深呼吸，直到你的大脑完全放松和平静，然后专注于自己的身体和心灵，感受你呼吸的气息通过鼻腔，感受气息进入和离开自己的身体。或许你还会感受到自己的胸部和腹部随着呼吸上下起伏。接下来，你可能会感觉到身体的某处出现紧张、轻盈、沉重、明亮、黑暗、疼痛等感觉，你要聚精会神地体会究竟是什么样的感觉，只是静静地感受就好。

接下来，要聚精会神地去感受情绪。你可能会感受到一些情绪，如淡淡的悲伤或快乐等。如果你感觉到了，就心无旁骛地沉浸其中。

与这种情绪共处，不要刻意去触发某种其他的情绪，不要去想它，不要去分析它，不要去做任何刻意的努力，这很关键。

最重要的是，不要去想"我为什么会难过""产生这种情绪好奇怪啊""我没有感觉到任何情绪，但我必须要感觉到些什么"之类的内容，对于这些感觉或情绪，不要进行任何思考，也不要做任何努力。你只要感受它们就行，或者你有可能什么都感觉不到，这样也没问题的。

这样沉浸式感受自己的身体与心灵一段时间后，回想一下自己有没有这样的经历：被重要的人训斥、责骂、冷落、忽视，或没有得到温暖，用心回想并审视当时的自己，也就是当年那个小小的孩子。

　　这个孩子是什么表情？穿的什么衣服？在哪里？在做什么事情？这个孩子会是什么样的心情？

　　你只需要想象自己温柔地注视着当时的那个孩子，怀着温柔的感情靠近她身边，让她感受到你深深的关爱吧。

　　在想象中，你也可以紧紧抱住她，也可以开开心心地与她聊天。可以手牵着手一起散步，一起玩耍，还可以对她说些亲切的话，比如"我爱你""你真可爱"之类的话，做一些你认为这个孩子会希望你做的事情。

另外，你也可以想象一下这个孩子想要待在一起的那些人，你也可以把他们"召唤"到这个想象空间中来，比如奶奶、爷爷、妈妈、爸爸、宠物、天使、其他想象中的人等。如果孩子希望的话，完全可以把这些能给予孩子温暖和爱的人全部加入进来。如此一来，这个孩子就会沉浸在安全感和幸福感中，你所需要做的就是和这个孩子一起沉浸，一起感受。

自我检查:

冷静下来，尝试按照自己的节奏去做。

6

"别人的感受"说到底与自己无关

不知不觉中被人们的想法所绑架？！

还记得前面所说的第二个目标吗？那就是"允许自己不必为他人的感受负责"。

你是否容易把别人的感受等同于自己的感受？

比如，当听到 A 愤怒地说"B 是个坏人！"时，就会真的相信 B 是个坏人，并且也会跟着生气。

再比如，小时候听到母亲说"爸爸这样做也太过分了！"之后，自己也开始变得讨厌父亲了。很多人都有过这样的经历，甚至有些人直到长大，也一直相信，从不质疑。

另外，经常有些人会和别人有密切的依赖关系，在这种关系中，常常会有将对方的感受、喜好和信念当作是自己的来看待。

面对这种从别人那里"借来的"想法与感情，我们必须要认识到这些并不是属于我们的。即使有人说自己不喜欢某人，也并不意味着你也必须不喜欢他们。

反过来，即使有人说某人是个好人，也并不意味你也必须高度评价那个人。

你自己心里有自己的想法，这个想法和别人的一样，也是正当、合理的。

如何注意到自己的价值观

首先，重要的是关注你的感觉、信念和观点，考量它们是不是基于你自己的经验和感觉，还是只是从别人那里借来的情感与信念。然后，再慢慢探索自己是如何思考和感受的，并努力去接受和认可它们是合理的。

精神导师安妮塔·穆贾尼[⊖]（Anita Moorjani）在她

⊖ 安妮塔·穆贾尼：英国人，出生于 1959 年 3 月 16 日，2002 年被诊断出患有恶性肿瘤——霍奇金淋巴瘤，经过四年抗癌后，于 2006 年全身多数皮肤溃烂，多器官衰竭走到生命的尽头，在医生宣布救治无效时，却奇迹般地生还，癌症也不治而愈。后来她向濒死体验研究基金会网站提交了自己的濒死体验和康复的经历，受到美国作家和出版商的注意，后出版《再活一次，和人生温柔相拥》等书。

的经历中写到，自己如何改变了一直以来的生存方式，不再勉强自己按照父母和其他人的价值观生活，在此引用一下她这部分内容。

"我逐一回顾并审视了所有自己认为是'不好'或'不可能做到的事情'，特别是那些会引起我恐惧、自我贬低与自我否定感觉的想法。

"我问自己：'为什么要相信这些感觉？这难道不是文化或社会强加给我们的印记吗？这种想法对曾经的我来说，或许是符合的，但它今天仍然是真实的吗？继续去相信那些我从小到大都不曾怀疑的，或被教导去相信的东西，就是对的吗？对我有好处吗？'

对于某一些观点，答案是'也许有时是对的'，但对于绝大多数问题来说，这个答案是'绝对不是'。在我的一生中，我不断地批判自己，因为自己没有达到别人的期望而去伤害自己，我总是觉得自己不够好。但在我去鬼门关闯了一遭后，我意识到这些信念要么是错误的，要么是社会强加的标准。"

现在我们再重新体会一下，自己的感受、信念与想法是否其实是别人的东西吧。关于如何认同自己的感情与信念，我们再次回顾一下幸子小姐的经验吧。

我自卑的原因其实是因为自尊心太强。在社团和补习班里，我总能受到表扬和认可，渐渐地我也认为自己是个好学生。为了能保住"优等生"的地位，我继续拼命努力地学习。当我能取得好成绩的时候，我的感觉倒还好。但当我不能再扮演好学生的时候，我就彻底崩溃了。

其实一直以来，我心里都看不起那些不上学的人，认为他们是"没用的人"。所以当我自己不上学后，我开始觉得自己也是个没用的人，当初看不起别人的想法，如今压垮了我自己。

幸子小姐所谓的"看不起那些不上学的人"的想法，其实原本并不是她自己的想法。她是从父母和老师等人那里接收到这样的信息的，那就是"只有学习好、在社团里也表现出众的优等生，才是值得被爱的；与此相反的人就是毫无价值的差生"。

孩子们不会因为其他孩子不能或者不愿上学而取笑他们。类似"不上学是不行的"这种观念，这其实是父母、老师等成年人的判断。孩子们之所以会取笑其他不上学的孩子，也是因为他们在迎合成年人的观念。

幸子小姐意识到她一直以来坚信的判断标准和思维方式其实并不是自己的，而是从父母、老师那里借来之后，直接套用在了自己身上。

为了更好地对待自己，你要重新审视自己所思考的事情、拥有的感情，以及判断事物的标准，看看它们是否真正属于你自己。

如果你意识到它们是属于别人的，那就扪心自问，看看真实的自己到底会怎么想、怎么做。

自我检查：

重新审视自己的思维标准，看看它是否其实是他人的东西。

7

害怕找回自己

为了远离愤怒、悲伤和孤独

当你试图把注意力转向自己真实的情绪，尝试更加在意它时，可能会变得恐惧不安。

这是因为当你从其他人的感受和看待事物的方式中脱离出来时，你感受到了自己一直以来压抑着的愤怒、悲伤还有孤独。

这也跟小时候的遭遇有关，童年的你相信，自己的想法或感觉与父母不同的话，就会被父母打断甚至打压。当你尝试自己独立思考时，这种感受便会一股脑地冒出来。

越是这种时刻，你越需要观察到一个事实，那就是"这些恐惧感只是你小时候所坚信的，如今，已经不再适用了"。而且，这种恐惧感中也包含着自己心底里积压的怒气，这时就要看清，其实愤怒本身并不是一种可怕的东西。

而且，你可以仔细观察，不管是"只要表达自己的真实感受或真实需要，就会伤害到别人或被别人拒绝"的想法，还是"别人的感受是自己的责任，自己的感受是别人的责任"的想法，都是非常极端且不现实的。

自己如今感受到了什么，在思考什么，在相信什么，试着把注意力集中在这些事情上，去观察和体会。

无论感觉到了什么或思考到了哪里，都不要去判断它们的好坏，只要用心地去感受就好了。

愤怒、悲伤、嫉妒，甚至是希望别人变得不幸等，所有的这些情感人皆有之，是很正常的。

你要进一步根据自己的经验重新审视自己的感觉、信念、行动和观点，而不是继续相信自己从别人那里拿来的东西。

当你逐渐信任并专注于自己的经验时，你已经在成长的道路上一点一点突破了。

自我检查：

不要批判自己的感受，只要用心去感知就好了。

8

不要承担让他人幸福的责任

走出受害者的角色

我想介绍的第三个也是最后一个目标，是"允许自己幸福"。

要好好珍惜自己，就必须要明确"自己的幸福或不幸，都不需要别人负责"。

也就是说，你要意识到"我的不幸不是别人的责任，而是我自己的责任，也正因如此，我也可以凭自己的力量改变这种不幸"。只有这样，才能把自己从那个无助、可悲的受害者位置上解救出来。

你有必要认同并重视自己自然的感受和欲望，尤其重要的是，要认同自己"想要与别人保持一定距离"的欲望。

这种欲望同样存在于别人的身上。因此，你要明白，保持距离不等于拒绝别人。不仅如此，保持健康的距离，才是重视自己同时也是重视对方的一种表现。

与别人保持健康的情感距离，也是让自己不去承担让对方幸福的责任的一种体现。

美咲小姐觉得自己对丈夫的死亡负有责任

美咲小姐（化名）是一名 30 多岁的女性，从事社会福利相关的工作。她一直"感觉没有活出自己的人生""无法接纳自己，觉得自己没有价值"，带着这样的烦恼，她来到了我的心理咨询室进行咨询。

通过和美咲小姐对话，我得知她有一段十分痛苦的经历。她的丈夫因为自杀离开了，从那以后，她一直认为丈夫自杀是自己的问题，所以一直以来都在责备自己。

在心理咨询中解决悬而未决的问题

在咨询的过程中，美咲小姐逐渐理解她的丈夫之所以自杀，是因为他原本就没有足够的力量支撑自己去生活。

如果没有美咲小姐，他早就没法生活下去了，这样的人和谁在一起都不可能幸福。因为他会把自己的不幸，认为是由他人的过错导致的。

我们是无法改变他人的。只有在这个人自己下定决心"要改变自己，要改变人生"时，他才有可能发生改变。

另外，也有人拐弯抹角地提出自杀，作为报复别人的一种形式。他们这么做，是试图用内疚感来操纵别人。当然也有人最后真的自杀身亡。

美咲小姐把丈夫的自杀归咎于自己，认为是自己不够善良，才把丈夫逼到了绝境，如果自己是个更善良、更好的妻子的话，丈夫就不会自杀。她之所以这样，是因为她从小就成长在"让爸爸妈妈幸福是自己的责任"的思维模式中，现在的想法也只是这种模式的重演。

小孩子会相信"我一定可以改变世界"，这种想法，如本书前文所说，是幼儿的一种思考方式的具象体现。

"因为'全世界都由我控制'，所以如果一旦有谁变得不幸，那就都是我的错。我必须要让他变得幸福。"小孩子会这么想。

由于一直沉浸在这种不现实的信念中，他们甚至会认为，仅仅是明确"让别人变得幸福是别人的责任，自己的幸福才是自己的责任"这个再简单不过的道理，都是一种罪恶。这种心态也出现在美咲小姐身上。

她来我这里进行了一段时间的心理咨询，除了对丈夫自杀的愧疚外，她还解决了许多其他未解决的情绪问题。

比如，美咲小姐曾经觉得，如果她和丈夫有个孩子的话，他们的人生肯定会更加美满和幸福。关于这一点，她也进行了探求和思考。之后，她意识到如果有孩子的话，原本就有心理问题的丈夫可能会被逼到更深的绝境。

长此以往，她自己也会感到十分不自由，还会过上在经济和心理上遭受双重压迫的生活，孩子也会跟着受苦。

就这样，美咲小姐也逐渐开始能够应对失去丈夫的悲痛，并终于将悲痛化解了。

后来，她还告诉我们，经过咨询后她已经产生了巨大的转变，现在的自己和以前的自己已经大不一样，她甚至都快忘了以前的自己是什么样了。

　　现在的她活得更自由、更轻松，心里少了很多没必要的负担。

自我检查：

　　如果能意识到"自己的幸福与不幸，其实都可以由自己来改变"，生活就会变得轻松许多。

五

治愈心灵的创伤

—— 心理治疗与建立人际关系的方法 ——

1

划定心理边界的"劝说法"

试着说"我是我，你是你"

有个方法可以去感受一下不划定心理边界带来的不现实感。

首先，你需要沉浸式地感受自己身心的状态，慢慢地对自己说"我是我，你是你"，并花时间去细细感受和品味心中涌现的感觉和想法。如果你在接收这句话时，出现任何抗拒感，或是身体的紧张感，就仔细去感受这种阻力。

这是我在美国一家医院担任群体咨询的咨询助理时发生的故事。那时，我和几位群体咨询的患者一起进行这个疗法，我也尝试着大声说出了"我是我，你就是你"。但说完之后，我就感觉到有一些不对劲。

所以我根据当时的感觉重新调整了表达，这次说出的内容变成了："我是我，你……和我有一点关系。"这似乎才是我想说出口的。对此，主任咨询师问我："那么，你准备好为别人的生活承担责任了吗？"我当然不想为别人承担责任，但由于我在心理上无法划定适当的边界，经常苦于承受人际关系的负担，

例如，人们向我询问问题，我给予了建议之后，有的人会以"这解决不了问题"或"我明白你的意思，但我做不到"将我的建议全盘否决。但即便如此，我还是会因为觉得自己必须得为患者做点什么，但又无计可施而感到不耐烦，有时甚至会对患者生气。

这种情况是半自动发生的，所以我不得不在某处让这一切停止，先去感受自己的想法和信念。从这个意义上说，这种"劝说法"也是非常有效的。

自我检查：

如果你感到不舒服，可能是你与别人的心理边界正在变得模糊。

2

平衡"极端观念"的方法

两条有效的步骤

难以划分心理边界的人往往可能对他人存有极端的看法。

他们倾向于把那些按照自己想法行动的人视为好人，反之，则视为坏人。

这一点也适用于他们自己。

他们会相信，当他们可以满足别人的需求时，他们就是好人，而当他们无法这么做时，他们便是坏人。

正因如此，由于他们实在太不想成为"坏人"，以至于模糊了自我和他人之间的心理边界，牺牲了自己。

为了摆脱这种极端的观点，使我们的认知更加真实，有一个方法可以帮助我们，这个方法是"德马蒂尼方法"⊖的一部分，由以下两个步骤组成。

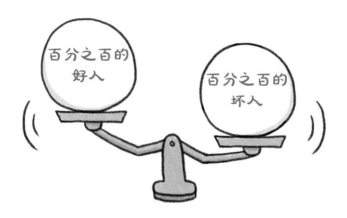

步骤一：找出别人让自己产生最强烈的"负面情绪"的行为。

步骤二：找到这一行为中较为积极的方面。

接下来，我会详细地解释具体的操作步骤。

⊖ 德马蒂尼，世界知名的讲师、哲学家和企业顾问，出版了《腰缠万贯：获取财富的意识和技巧》，其中展现了作者在涵盖了2000多个学科的基础之上，发现了宇宙及人生的终极秘密，即平衡与完美存在于万事万物之中，我们每个人都是天才，都有与生俱来的使命。只有通过挖掘自己最深、最真的内心，我们才能找到生命的力量之源，才能最大限度地激发所有的潜能。

【**步骤一**】　找出别人让自己产生最强烈的"**负面情绪**"的行为。

选择一个让你有负面情绪的人，如愤怒、悲伤、轻蔑、恐惧等。然后明确这个人【对谁、具体做了什么（或者说，没有做什么）】是你认为糟糕的。这个人做的所有事情中，具体【对谁、做了什么（或者说，没有做什么）】导致了你对他产生了强烈的负面情绪。

举个例子，

"他指责我了。"

"对于我的意见，他说'不对'，否定了我。"

"对我的母亲施加了暴力（造成了身体上的痛苦）。"

"殴打了我的妹妹。"

"强迫我做自己不想做的事情。"

"对我的朋友说我的坏话。"

"故意忽视我。"

"打了我。"

"没有替我说话。"

"单方面断定我在撒谎。"

"没有来帮我。"

"不听我讲话。"

重要的是，要尽可能详细具体地呈现。

下面是一些没有呈现出"具体行为"的例子，如果你写下的答案符合以下特征，请把它们呈现得更具体。

在描述"对方的行为"时几个需要检查的点

（1）这是"我自己的理解"吗？

"他不爱我。"

"没有重视我。"

"背叛了我。"

"否定了我的存在。"

这些都是你对对方行为的理解，并不是对方具体的行为本身。

当对方做了或没做某件事情时，你将该行为解释为"你这样做，是因为你不爱我""这是对我的背叛""你否定了我的存在"等。

所以你需要明确的是，对方实施了何种具体行为，导致你对他的行为做出了这样的解释。然后简短地写出对方所做的具体的、特定的行为。

（2）是否写成了"性格"？

"不懂得关心体贴。"

"以自我为中心。"

"只考虑自己。"

"性格冷淡。"

人们常常认为他们是在为某人的性格而生气，这其实是不正确的。

我们会生气，一定是因为对方特定的某个具体行为，而不是因为对方的性格。

如果你认为对方"不体贴"或"以自我为中心"，那么对方到底是做了或者没做哪件事才让你有这种感受呢？请把这种具体的特定行为写下来。

（3）你是在写"自己的感受"吗？

"很可怕。"

"让我很生气。"

"让我很受伤。"

在这项工作中，你需要的不是你的感受，而是使你产生这些感受的那个人的具体的、特定的行为。上述的三个例子说的都是你对对方的某些行为产生了恐惧、愤怒和被伤害的感觉。

这时，你需要回想起对方到底做了什么，才使你感觉恐惧、生气或被伤害的，需要明确对方所做的具体行为，并把这些行为写下来。

（4）你是在写"从别人口中听到的话"吗？

比如，以下这种情况，"听我母亲说，我父亲以前经常对她拳打脚踢，所以我不喜欢我父亲"。

此处应该写的，是你自己与对方直接相关的体验。

假如你的父亲在你有记忆之前就与母亲离婚，离开了这个家，你没有关于他的记忆。这时，与其把你的想法建立在从你母亲那里听来的关于父亲的不好的故事上，你更应该选择你自己直接看到或经历过的其他行为。

如果这件事情是，"上小学低年级时，某一个冬天的夜晚，妈妈很难受就哭了起来，但爸爸没有在那里安慰她"。如果你因为这件事而产生负面情绪的话，这就是你自己的看法，就可以写在这里了。

在这种情况下，你父亲的具体行为就是"在我上小学低年级时，某一个冬天的夜晚，没有安慰妈妈"。

如何聚焦于一种行为

当你需要选择对方的一个能触发你最强烈的负面情绪的行为时，可能会发生"这个行为本身包含了多种行为"的情况。

比如下面这个例子，"我妈妈只一味发爸爸的牢骚，不听我说话"。

在这种情况下，要弄清楚你更不喜欢的行为是哪一个，是不喜欢她跟你发父亲的牢骚，还是不喜欢她不听你说话？

再比如，"他对我大喊大叫，眼睛使劲瞪着我，还打了我的脸"。

这其中，你最不喜欢哪一种，是对你大喊大叫，还是眼睛瞪着你，还是打了你的脸？你需要明确自己最讨厌哪一种行为。

在强奸等性虐待的情况下，也需要明确其中哪个行为最令人厌恶

比如说，

- 强迫我做一些违背我个人意愿的事。

- 利用我满足他自己的欲望。

- 侵犯我身体的行为。

- 施加于我身体的痛苦。

- （通过行动）侮辱我等。

从这些行为之中，找出一个最令你厌恶的具体行动。

出轨或劈腿的情况

找出对方这个行为中所包含的哪种行为，是你最不喜欢的。

如果你不喜欢的是，"他与除了我以外的人发生性关系"，那你还需要明确在这个事情中，你最讨厌的是哪一点。

比如说，"关心除了我之外的人""把时间花给除了我之外的人""把钱花在除了我之外的人身上""隐瞒了对我来说很重要的事""对我撒谎"等。

找出你认为的"坏人"所做的那一个"最坏"的行为

一位前来找我咨询的患者 A 女士跟我有这样一段对话。

A 女士："我对我的母亲很生气，她做的最让我讨厌的事情是【在我五岁的时候把我放进壁橱里】。"

我："你为什么不喜欢你妈妈把你放在壁橱里？有些孩子在壁橱里玩得很开心，还可以涂涂画画。"

A 女士："我母亲不让我离开壁橱，即使我喊'我要出去！'。她也不让我出来！"

我："所以如果在你说'让我出去'时，你母亲打开壁橱让你出去的话，你还会讨厌她吗？"

A 女士："不，如果她马上让我出来，我就不会生气了。"

我："所以你最不喜欢的不是你被关在壁橱里，而是即使你要求想要出去，你的母亲也没有按照你的要求做，对吧？"

A女士："啊，对，确实是这样的！"

从A女士的例子中可以很明显地看到，她母亲最坏的行为，不是"把她放进壁橱里"，而是"没有做她要求的事"。

像这样，正确地认识到你认为对方的哪个行为是最"坏"的吧。

如何明确阐述对方的具体行为

当阐述你对其抱有负面情绪的人所做的，你最厌恶的某个具体行为（或者是，没有做的具体行为）时，请就在此时此刻，在心中重现那个人的行为，以及你所看到和直接体验的一切。

比如，你最讨厌的事情是，"在你上小学低年级时，一个冬天的早晨，你母亲在客厅里对你大喊大叫，甚至打你的脸"，现在就在心中重现这个场景，想象自己置身于当时的现场，母亲正在边大喊大叫，边打你的脸。

在心里，回到你小学低年级时期的自己，回到那时家里的客厅。

并不只是回忆，而是要重新进入那个场景。就是现在，你可以重新看到你的母亲在大喊大叫，甚至还在打你的脸，你可以重新听到她愤怒的喊叫声，你的皮肤重新感觉到了当时的空气，就是现在，请再去感受当时的情绪。

在这种状态下，再去确定你最不喜欢你母亲的哪种行为吧。是大喊大叫，还是打你的脸，抑或是其他行为？

再比如，如果你最讨厌你的前任恋人对你不忠，现在就请在心中重现【当你得知】他对你不忠（或曾经对你不忠）时的场面吧。

就在此刻，在你心中重新感受一遍，重新看到当时所看到的场景、听到当时所听到的声音、用肌肤重新感受当时的空气，用心重新感受当时的情绪。在这种状态下，就可以明确在"恋人出轨"这件事情上，你最不喜欢的是他的哪个行为。

比如，"关心除了我之外的人""把时间花给除了我之外的人""把钱花在除了我之外的人身上""隐瞒了对我来说很重要的事""对我撒谎"等，都有可能是你不喜欢的。

【步骤二】　找到这一行为中较为积极的方面。

在心里重新进入那个"使你负面情感最强烈的人正在进行你最讨厌的行为"的场面。而且并不是回忆，而是就在此时此地，变回当初承受这一切的那个"自己"。

在这种状态下，你可以尝试去发现"对方做这件事，对我来说有什么好处？另外，对看到了这些事的人有什么好处？"我想邀请你尽可能多地寻找并写下来。可能你会觉得"一条都没有"，但静下心来认真寻找的话，一定会发现一些的。

下面是一些具体的有好处的例子，其中一些可能也适用于你。请试着从各种各样不同的角度思考，找到一些积极因素吧。

例1：

当你上小学低年级的时候，一个冬天的早晨，你的母亲在客厅里朝你的脸打了一巴掌。多亏了这个……

- 我向父亲求助，他对我很好。

- 后来我得到了哥哥的安慰。

- 我在家里感到不舒服，所以我把注意力转向外面，开始在学校多交朋友。

● 我希望从班主任那里得到情感慰藉，所以，我跟班主任走得更近了。

● 我开始努力地学习，取得更好的成绩，想争口气给我的母亲看看。

● 因为成绩提高了，我开始变得更加自信。

● 因为成绩提高了，我在升学考试中取得了不错的成绩。

● 我养成了认真学习的习惯，这在我考取工作资格证书时也有帮助。

● 因为当时很痛苦，所以开始关注内心，后来沉浸在漫画中，并将其发展成了自己的爱好。

● 因为当时很痛苦，所以开始关注内心，变得对人的心理感兴趣了。

● 因为当时很伤心，所以我对小动物倾注了更多感情，变得更喜欢动物了。

● 对母亲的愤怒使我产生了反抗心理，这种要强的心理支撑我度过了困难时期。

例 2:

你的恋人做了对你不忠的事，更具体地说，是他把注意力放在了其他异性身上，这使得……

● 我比以前更关注孩子们，跟他们走得更近了。

● 我去找朋友谈论自己的怨言和烦恼，逐渐成了一个可以依赖别人的人。

● 我去找朋友谈论自己的怨言和烦恼，成了一个能诚实地展示自己脆弱一面的人，而不是在别人面前装出一副很完美的样子。

- 对于那些可以和我谈论烦恼的朋友们，我们之间的关系越来越密切了。

- 因为对家庭的幻想破灭了，我渐渐把注意力转移到了家庭以外的地方，并在工作上获得了满足感。

- 花在恋人身上的时间越来越少，花在爱好上的时间越来越多。

- 我开始学习心理学，因为想帮助那些跟我一样经历过相同困难的人。

- 开始认真思考自己想和什么样的人在一起。

让你产生负面情绪的对象所进行的行为对你（乃至对于当时在场的所有人）来说，带来了多少负面影响，与之相应地就一定也带来了多少正面影响。当你能清楚地认识到这一点时，这项工作就算完成了。

这时你就可以走出对对方行为仅有"好""坏"两种评价的极端二分法的世界，学会更现实地看待事情。这样你就不容易因为无法与人划清心理边界而任人摆布，而是能够更加主动地、现实地做出反应。

同样，当你遇到不好或不愉快的事情时，也可以在这种情况或事件中寻找具体的积极因素，而不是直接认为自己是受害者。

实际上，尽可能多地写下这些积极因素是非常重要的。因为这样一来，你就可以充分发挥这些你找到的积极因素的作用了。

如果能做到这一点，你就能够在自己和某些情况或某件事情之间划出健康的心理边界，也就可以避免产生无助感或给自己造成更大的心理创伤，可以真正成为自己人生的主角。

找到积极的方面是非常重要的，因为它让你有能力同时看到积极和消极的一面，而不是坚持对事物抱有偏颇的看法。

客观地看待事物的两面性是一种足以改变人生的大智慧。一开始可能很难做到，但随着努力寻找积极因素，你将逐渐发展出这种能力。请一定要努力尝试一下。

自我检查：

看清事物的两面性可以帮助你摆脱受害者的思维。

3

如何改变“不自由的关系”

不自由的关系有哪四种模式？

在你周围是否有这样一位伴侣、恋人或朋友，总是强迫你，对你提要求，或总是在语言或行动方面和你产生矛盾冲突？

在和这样的人的关系中，你是否会时常感到痛苦？

或者，你会不会在心里觉得“我必须按他说的做”“如果对他说出自己的真实想法，对方一定会生气或因此否定我”，从而感觉不自在？

在这种关系中，你们都在试图改变对方，反复进行无效的交流，从而使关系更加恶化。以下是四种典型的模式。

A 模式：爱说教。

一说起来就没完没了；或者总是提一些“你再这么做

试试？"或"我求求你，你就听我的吧！"之类的要求。

　　喜欢讲道理说服别人；会故意沉默，暗示别人"我都这么忍你了，你还不赶紧注意起来，尽快照我说的去做吧"，给别人施加压力；还会用不同的手段惩罚对方。

　　B模式：让对方受到道德上的谴责，产生愧疚和罪恶感。

　　这种模式有这样一些用语：

　　"如果你在乎我的话，就去××！"

　　"我为你做了这么多！"

　　"你知道因为你，我有多难吗？"

　　"你只有按我说的做，我才会搭理你并听你的话。"

　　C模式：自我牺牲。

　　为了不得罪对方，把自己变成神经兮兮、又很紧张的状态。

　　非常努力地为自己辩解；希望对方有一天会改变，但并不会为改变自己的人生做出任何行动；迫切希望得到对方的喜欢和认可。

　　D模式：要求对方必须主动去做。

这种模式也有一些常用的表达，比如，

"你应该愿意做这些事，而不应该讨厌它们"。

"你应该心甘情愿地为我做这些事"。

"这种事情即使不用别人说，你自己理应也能想到"。

总而言之，你没法对提出以上这些要求的人说出自己的心里话，往往只能伪装自己才能和他们进行日常的交往。

为了善待自己和别人，你需要结束或改变这些不健康的关系。

要做到这一点，你需要逐渐开始采用本章所述的几种重视自己和促进自己独立的行为。

在一段有很多强迫与被强迫、要求与被要求的矛盾依存关系中，你可能还需要找一个可以信赖的人聊一聊。如何妥善处理与他人的关系，如何合理地控制自己的怒火。

自我检查：

如果你发现自己正处在一段不健康的关系里，请立刻采取行动切断这种关系。

4

什么是健康互助的关系

从重视真实感受开始

心理边界模糊、太过紧密的依存关系，是来源于"我是空虚的，没有对方我就不会幸福"这一信念。

处在基于这种信念所建立的关系中，是无法获得真正的幸福的。

那么一个更健康的关系是什么样子的呢？

首先，在这种关系中，你要十分重视自己的真实感受和欲望，只有你自己得到了满足，你才能使别人幸福。因为你只有先把自己照顾好，才有时间和空间去爱别人，关心别人。只有在这样的关系中，你们才能彼此都感受到幸福。

因此，划定心理边界，保持边界感，重视自己也重视对方，不管是建立一个和谐圆满的家庭，还是建立平等快乐的友谊，这都是非常重要的。

正如专业咨询师所熟知的那样，当孩子遇到心理问题时，对其父母或是父母中的一方进行心理辅导，缓解他们的心理压力，很多时候也能有效地改善甚至消除孩子的问题行为。

家庭中的每个个体都是相互影响的，所以只要有一个人改变，就会对其他人产生积极的影响。

到最后，每个个体都将不再相互依赖、纠缠，每个个体都将变得更加独立，保持恰当、合适的边界感。每个人都可以对自己的感受和幸福负责，也可以像尊重自己一样，充分尊重他人的感受和幸福。

自我检查：

相互尊重的关系需要去建立。

5

如何识别错误的自我预设

试着关注自己的情绪

你是否有过这样的想法，认为"自己的幸福只能以别人的牺牲或不幸为代价才能实现"？

这种想法会进一步导致你产生另一种想法，即"如果我成功了，那么会受到惩罚也是理所当然的"。

有上述这种想法的人，他们也常常会相信，如果坚持自己的观点或表达自己的话就会伤害别人。

你心里是否也多少会有这种想法呢？

诚实地窥探一下自己的内心，试着去感受吧。这种想法可能是你小时候一些不愉快的经历造成的。在当时的情况下，这或许是合理的。

但如果现在你依然认为没有别人的牺牲你就得不到幸

福，认为表达自己的需要会伤害别人，认为表现自己会使自己受到伤害的话，这些想法就都是错误的。你需要意识到这一点。

或者说，对自己的不重视，以及在某些事情上勉强自己，既不利于你自己，也不利于别人。不要为了满足别人的需要而忽略了对你来说重要的东西。

你可以很坚强，可以很快乐，可以与众不同，也可以因为自己而感到骄傲。

你也可以真实地表达自我，当你越是展现真正的自己，你越能成为对别人有用的人。你可以诚实地表达你喜欢或擅长什么，可以表达你感兴趣的和关心的是什么。然后在这些表达中去寻找快乐吧。

当你把自己的需求和感受看得与别人的需求和感受同样有价值，并堂堂正正地说出来的时候，人们并不会责怪你。

只有当你贬低别人或对别人使用暴力，或是主张"比起别人的需求，我的需求应该更优先"时，别人才会讨厌你。

而且别人的不幸也并不应该由你来承担责任，所以你也没有必要因为别人的痛苦而感到悲伤。相反，只有你把自己变得快乐，才能够有力量去帮助别人。

下面是幸子小姐的讲述中的一部分，这里呈现了她如何学会在乎自己，并认同自己可以获得幸福的故事，我们可以仔细回味她的经历。

每当我觉得失去信心或趋于自责的时候，我都会试着在自己身上找到一些小小的成长或变化，然后拍拍自己的胸脯肯定一下自己：

"我已经做得很好啦。"

"与 16 岁时相比，想去死的念头越来越少了呀。"

比起责怪自己，如今的我能将更多的精力投入到如何更好地生活中。

这种改变的开始就是去留意、去体会自己的"真实感受"。

我问自己想要什么，不想要什么，努力重视自己的真实感受，我还决定停止自我责怪的游戏。当我持续这样做时，很多变化就在不知不觉中发生了。

你是为了使自己变得更好而读这本书的吧。仅仅因为这件小事，我也希望你可以给自己一点肯定："我已经努力去做出改变了，我应该对自己说声谢谢。"像这样去认可自己，感谢自己。

首先要认可自己。即便有一些事情最终没有做到，也要认可为之付出过努力的自己。

当你学会在一件件的小事上认可和感谢自己时，这颗种子就会一点一点地长大。

自我检查：

重新体验一下给自己大大的肯定和掌声的感受吧！

6

把时间和金钱用在自己身上

优先善待自己

有一个很简单的方法，可以让你体验到什么是善待自己。

那就是，要把时间和金钱优先用在自己觉得重要的地方。

对你来说重要的事是什么？你真心想做的事是什么？

想清楚这些，就把你的时间和金钱投入到这些事情上面吧。

比如，有些人不会将时间优先用于对他们来说重要的事情，而是雷打不动地先看看邮件。

他们会这样想："也许有人给我发了一封邮件，希望我马上回复呢？"就算事实的确是这样，那个人给你发邮件也好，希望你尽快回复也好，都是他的事。

如果你因此占用了宝贵的时间，感受到了压力，或是对对方感到不满，甚至想封闭自己，那结果不管是对你还是对对方都不好。

此外，以防你误解，我还想说明一件事。

我并不是想说你不应该考虑别人的感受，不应该帮助别人，或是不应该做一些对别人有用的事。

如果这些事情都是你真正想做的，并且做这些事情时你能感受到自己在发光发热的话，那么完全可以去这么做。我希望你不断向前，继续做下去吧！

比如，我之所以写这本书告诉你这些非常重要的信息，是因为我想这样做，并且通过这样做，我也实现了我的价值。

对我们来说，要过上幸福充实的生活，不可或缺的是成长的感觉和自己对他人有用的感觉。当你通过做你想做的事情帮助到别人时，你的价值便得到了实现，你就能够发光发热了。

自我检查：

把金钱和时间花在你想做的事情上吧。

建立良好的人际关系并获得幸福的秘诀

————— 关于心理咨询的建议 —————

1

试着接受心理咨询吧

在本书中，我已经提到过，难以划清心理边界的人往往会进入过度亲密和过度依赖的关系。或许正在阅读本书的你就是这样。

你知道自己在与父母、爱人、朋友互相伤害和折磨，但你无法改变或结束这种伤害和折磨，或许你正在为此烦恼。

如果是这样的话，比起自己一个人痛苦，如果可以在专业咨询师的帮助下采取一些行动的话，找到解决方法的可能性会大大提高。

为你提供支持的专业心理咨询师，有时也被称为临床心理学家和临床心理治疗师。

他们帮助人们解决情感上的痛苦和伤害的方法也是多种多样的。这些方法的称呼包括但不限于：咨询、心理疗法、某某治疗、某某疗法、某某方法。这些各种各样的称呼，在这里我们统称为"咨询"。

我自己也接受过很多咨询。在总共超过 20 年的时间里，我一直在尝试通过专业咨询师所提供的不同类型的咨询、心理疗法和治疗等来治愈我自己，使自己慢慢成长。从对话到使用我的身体，从边哭泣边大喊大叫，到只是安静地睡觉，等等，都不尽相同。

每当我们解决掉一个精神上的痛苦，生活就会变得更轻松些，我们也就能在生活中更好地发挥出自己的优势。我们的治愈和成长是没有上限的，总有我们成长的空间，这就是为什么我依然努力在专业人士的支持下实现进一步的治愈和成长。

2

抗拒通往幸福之路的原因和真相

很多时候，我们对于"找心理咨询师寻求帮助"这件事会有种抗拒感。

事实上，我们的心里一直存在着一种抗拒的因素，即抗拒成长为更加幸福的自己。我们接下来可以更详细地了解这种抗拒感。

你肯定也想幸福地生活，度过安稳的每一天，想活在充满爱的关系里。不仅如此，你也想实现自己的人生目标，活得更加充实。

但是，你越对某人愤怒，越伤害他人，你就越不可能这样幸福地生活。

愤怒和伤害不仅使我们无法获得幸福、难以平静度日，还让要去解决这些负面情绪的我们心中生长出一种抗拒感。正因为有这种抗拒的心理，即使我们渴望幸福，我们也可能会常年过着不幸的生活。有很多人终其一生仍是如此。

根据我多年来作为心理咨询师为别人提供帮助的经验来看，我发现了抗拒解决不幸处境的九个尤为常见的属于无意识领域的原因。我将与你分享我在咨询过程中发现的关于这些原因的真相。

原因一

出于"面对我们一直以来所隐藏或回避的情绪，会感到很可怕"的这种恐惧心理，即使我们知道心中有阻碍我们变得更加幸福的东西，也会因为这种恐惧心理而选择继续保持现有的生活方式。

每个人心中都害怕直面情绪。也就是"如果我凝视自己的心，可能会发现可怕的东西"，这种不安的、恐惧的感觉。

因为激烈的愤怒、悲伤、孤独和罪恶感之类的负面情绪是很痛苦的，所以我们的大脑中存在一个无意识的自动防御机制，它在尽可能地阻止我们感受到这些情绪。多亏了有这种机制，我们才不至于被太过于痛苦的情绪所淹没。

然而，这个机制原本只是为了暂时性地发挥作用。如果情绪一直被压抑或麻痹，就会给人们带来更多各种各样的不便和痛苦。

例如，被压抑的愤怒情绪一旦爆发，就会既伤害别人，也伤害自己，甚至会摧毁这样一段人际关系。如果一直压抑自己的情绪，我们会渐渐变得很难感到快乐，甚至感受不到生活的意义。

如果这种极端的情绪压抑一直持续，我们的能量会被耗尽，人生会进入一种苦涩又暗淡的灰色状态，甚至可能会出现抑郁症的症状。此外，压抑愤怒也会引发人际关系中的焦虑，比如，担心别人对自己的看法，在意别人的目光等。持续的焦虑还可能导致失眠。

擅长帮助患者的心理治疗师不会强迫来访者面对他们还没有准备好去面对的感情。

而且，他们所压抑或回避的东西一旦真的被揭露出来，就会发现，它们其实并不像患者一直以来所担心的那样可怕。将你所压抑的东西暴露出来是一种解放，也是一种解脱。这将使你每天的生活变得更轻松、更自由。

原因二

"我虽然想解决我的伤痛，但不知道哪个心理咨询师好，所以一直以来都没有接受心理治疗"。这么想的人非常多。或许，大部分人都有这样的担忧吧。

这种焦虑源于对人的不信任。它是由过去被人背叛或伤害的痛苦经历造成的。

有这种想法的人认为"如果自己向别人展示真实的自我，肯定会受到别人的否定、批评、排斥、鄙视和讨厌"，并对此深信不疑。或者说，他们始终相信"没有人会理解自己的感受"。

正是由于这种对他人的不信任，我们才会变得孤独，觉得生活艰难。因为不信任别人而害怕得到帮助也是可以理解的，但这和说自己感到不舒服但不愿意去医院是一个意思。

过去我们被焦虑所驱使，导致了孤独和痛苦。但从现在开始，采取超越以往模式的行动，我们可以渐渐过上想要的生活。

原因三

有很多人认为："反抗意识和愤怒情绪是我迄今为止能够好好努力的原动力，如果这种情绪消失了，我会变得很懒惰，无法再努力了。"

在反抗意识和愤怒情绪的驱使下顽强生活至今的人，可能会拒绝让这些情绪消失。这往往是无意识发生的，在不知不觉中就会产生这种想法。"搞什么鬼？""我要给你点颜色看看！"在这种强烈的反抗意识和愤怒情绪的刺激下，他们拥有了面对逆境也不会屈服的力量。这样的人大概通过反抗意识和愤怒情绪做成很多重要的事情吧。

在迄今为止的人生中，这种人在生活中实现目标的最佳方式就是通过反抗意识和愤怒情绪的激励，卧薪尝胆、坚持不懈地努力。也正因如此，他们能够咬紧牙关，坚持不懈地克服困难，做成一些重要的事情。他们心里清楚这一点，所以对他们来说，放下反抗意识和愤怒情绪也就成了很可怕的事。

然而，以反抗意识和愤怒情绪为动力的生活有很多弊端。首先，许多人会对你的愤怒做出反应。他们可能会伤害你、欺骗你、攻击你、轻视你，试图阻止你做你想做的事情等。因此，你将会有一个充满斗争的生活。你会继续吸引其他愤怒的人，也会继续受到很多伤害。

当你与这些人斗争时，你也会变得咄咄逼人或冷酷无情，所以会在心里隐隐地藏着罪恶感并为此感到痛苦。根据我做心理支援工作时的经验，对别人有愤怒的人往往也对对方心怀愧疚，而他们甚至都没有意识到。

比如，对父亲有怒气的人潜意识里是有愧疚感的，他们认为自己伤害了父亲或拒绝了父亲的爱等。由于这种愧疚感的存在，他们也会无法认同自己并感到痛苦。

此外，为了激发心里的反抗意识和愤怒情绪，你必须将某人视作"坏人"。你必须相信自己是一个无助的、可怜的受害者，是因为那个人而遭受了荒谬的痛苦。以受害者的身份生活是非常痛苦的，而且当你把自己看作一个无助的受害者时，你就无法正确认识和接受自己的力量。也就是说，你一边从反抗和愤怒中获得力量，一边又必须生活在无能为力的痛苦中。

比如，有些人在工作中可能会表现出有能力、有威严的上司形象，但其内心可能认为自己是一个脆弱的人。这样的人，当他们的"自己是无能为力且脆弱的"这一信念体现在现实中时，就可能会导致他们被公司高层的决定和内部的派系斗争所左右。

此外，反抗意识和愤怒情绪会造成人际关系的断裂，让生活变得孤独。我们本来是爱的存在，当我们无法爱别人时，内心就会产生痛苦。

如果你厌倦了这样的生活方式，从现在开始，你可以选择以爱和感恩作为生活的动力。选择这种生活方式，你将过上更加和谐、温暖的生活。而当你以这种方式生活时，你真正的强大才会显现出来。

原因四

这与我前面提到的第三个原因有一些共通之处，有些人会相信"自己如果原谅那个人，就会变得跟他一样，因此必须相信那个人是坏人"。

例如，有些人可能会有这样一种信念，"如果我原谅有暴力倾向的父母，那我也可能被愤怒冲昏头脑，变得对别人有暴力倾向，所以我必须持续否定我的父母，认为他们就是坏人"。

但是，为了巩固"他是坏人"这一信念，你必须相信"他是坏人，而我是一个可怜的、无助的受害者"，因而在接下来的生活中，你不得不持续扮演一个可怜无助的人。

其实，如果你以这种方式让某人成为你的"反面教材"，你最终还是在做和这个人做同样的事情。这可能是很多人没有意识到的一个事实。

例如，批评虐待孩子行为的人，会伤害一个力量较弱的人。批评别人不忠的人往往自己最终也会有外遇，或者做一些与不忠本质上相同的事情，比如，不把他们的爱和注意力献给他们的爱人，而是放在了其他不相关的人身上。

事实是只有当你承认并接纳对方，进而处于爱对方和感恩对方的状态时，才能从对方的魔咒中解脱出来。然后，你就可以去过你真正想过的生活，成为你想成为的人，而不会被他人所左右，甚至被他人操控内心。

原因五

有时候，人们可能会通过使自己一直处于不幸之中，从而试图让别人道歉，或让别人因内疚而痛苦。

例如，那些认为"父母没有足够爱我，所以我不能幸福"或"父母虐待我，所以我不能幸福"而怨恨父母的人，会无意识地使自己一直保持不幸，以此来向父母展示他们受到了多大的伤害，希望父母有朝一日能对自己道歉。

一旦变得幸福，他们会认为自己永远失去了向那些伤害过自己的人展示"因为你的错，我受到了多大伤害"的机会。

即使需要为此牺牲自己的幸福，也希望实现所谓的正义（迫使对方承认错误），这对于人性来说是非常正常的事情。然而由于这个愿望的存在，继续遭受痛苦的人是自己，而不是那个伤害你的人。

而且，即使父母最终道歉了，他们可能也无法真正接受，因此痛苦并不会消失。

抱着对父母的仇恨，痛苦地生活着，时间无法重来。因此他们会认为，"事到如今即使父母来道歉，也已经于事无补了。"

做出这种选择的人之所以持续感到痛苦，实际上不是因为父母，而是因为他们选择不去改变痛苦的现状。

同样，在自杀者的心里，也往往存在着这样一种心理需求，即希望通过向别人展示自己的不幸来对他人实行报复。"是那家伙使我变得不幸福"这种怨恨，使他们做出了伤害自己的行为。然而，即使他们使自己持续保持不幸福的状态，别人也并不会真正承认他们的不幸福是自己的责任。而自杀者们也只会一直让自己不幸福，直到自己的生命结束而已。

此外，还有一个非常重要的事实，即我们之所以对他人产生恼火、憎恶和轻视等负面情绪，通常是因为我们自己也做过本质上与对方类似的行为，并对此感到内疚。

我们产生否定他人的情绪，是因为我们看到别人做了我们内心潜藏的、使我们有内疚感的行为。

因此，宽恕或不宽恕别人，看起来是针对他人的行为，但实际上却是针对我们自己的行为。保持着对别人的负面情绪去生活，本质上是在否定着曾经做过相同行为的自己，是以一种不爱自己的状态生活。

用前面的例子来说，一个批评别人出轨的人可能在过去或现在，自己也有过同样的出轨行为，或者是"没有把自己的爱和注意力朝向自己的爱人，而是朝向了别人""没有遵守对别人的承诺"等，即虽然行为上与"出轨"不同，本质上却相同的事情。因此他们的潜意识里就会不自觉地讨厌自己或为自己感到羞耻。

因此，如果我们对某人感到愤怒或怨恨，我们就无法承认或喜欢自己。这就是自我肯定感变低的真正原因。

只有当我们爱别人、感恩别人时，我们才能真正过上爱自己、感谢自己的生活。只有这样，我们才能从他人的魔咒中解脱出来，重新获得真正的自我，我们的心才会变得更轻松自由。

原因六

"明明有错的人是他，他却活得像个没事人一样，还需要我来改变自己，这不公平！"很多时候我们选择不幸福地生活着，也是因为有这样的想法。

但事实是，我们越是坚持自己的愤怒，说"他们是错的，我是对的"，我们就越是不快乐，这其实才是对自己最不公平的事。当我们选择把自己当作受害者时，我们也往往将自己陷于不幸的境地。

从现在开始，选择让自己变得幸福的道路吧。当你解决了愤怒的原因，你就不再会觉得对方应该受到指责了。

原因七

有些人相信："我的父母过去生活得很不幸福，所以我必须陪着他们一起不幸福。如果我变得幸福就是背叛父母。"

从童年开始，他们就把父亲或母亲视为不幸的人，认为自己必须保护父母。

例如，因为父亲对母亲使用了身体或语言上的暴力，所以认为自己必须要保护、安慰和支持母亲，在这种环境下长大的孩子就是容易如此认为。

另外也有这样的例子，因为父亲有抑郁症，所以从小认为自己也必须像"同样不幸的人"一样保持阴郁的表情度日。这些人认为，如果自己变得幸福，就相当于抛弃了不幸的父母。

然而，对于父母来说，没有什么比看到他们的孩子因为他们而不幸更痛苦的事了。如果你能从父母身边独立出来，照顾好自己，让自己变得幸福，然后去感恩，并为他们指出一条通往幸福的道路，这才是对他们最好的支持。

此外，还有一些因为失去重要的人而悲伤的人认为，变得幸福会使他们忘记那个人。因此，他们可能会下意识地选择永远沉浸在悲伤之中。

然而，如果一个人因为某个人的死亡而无法快乐，其实并不代表他在珍惜那个人的生命和死亡。珍惜和那个人在一起的时间和重视那个人的死亡的最好方法是，珍惜逝去的人留给自己的有形和无形的礼物，度过充实的人生。

原因八

有些人的潜意识中存在着这样一种信念，即"如果能否变得幸福是由我自己来决定的，那么就意味着我迄今为止不幸福的生活所经历的痛苦都是毫无意义的。这样的事情我无法接受"。因此，他们宁愿一直过不幸福的生活。

这种人对自己人生的责任有一种强烈的抵触感。他们会认为"我不幸福是那个人造成的""是社会的问题""是我的残疾导致的"等，并且期待着有一天会有救世主出现来拯救他们。

然而，如果他们继续选择这样的生活方式，迟早有一天他们将面对这样的事实，即他们对救世主的期待只是一种幻想，为此他们将会感到心碎。然后，他们可能会对生活感到绝望、消沉，最终自暴自弃。

事实上，为了正当化过去的不幸，而将未来的生活也变得不幸，意味着浪费了从过去的苦难中获得的知识、力量和经验。

从苦难中，我们也能获得宝贵的礼物。例如，独立、韧性、毅力、有支持我们和帮助我们的人、有向内的兴趣、丰盈的内心世界、发现兴趣和热爱的东西等。

将从过去的苦难中获得的礼物应用于未来，自己承担起让自己变得幸福的责任，才是过去所受苦难的真正意义。

原因九

有些人会认为："如果我软弱一点，不成熟一点，我们就能依赖别人，这样就可以安全并且幸福。"

然而，如果你相信这一点并习惯了依赖别人，你就无法做到尊重自己，无法摆脱对自己的鄙视。因此，你将继续遭受自卑感和缺乏自我肯定感的困扰。而这种困扰也会导致你继续被人推着走，因为你否定了自己的力量。此外，如果你在生活中放弃了自我成长和独立，你将会对生活感到十分空虚。

放弃自己的力量，依赖别人，是无法幸福地生活的。

另外，当你在生活中承担起对自己的责任时，你就可以尊重自己，并开始过上有意义且充实的生活，而不是任由别人和环境摆布自己的人生。

到目前为止，我已经向你介绍了我们拒绝成为更幸福的自己的九个原因。

这些出于无意识或潜意识的原因，会导致我们找各种理由去试图避免接受心理咨询或其他情感帮助。我们可能没有意识到，即使是为了变得幸福，我们有时也会主动阻碍自己做出改变。正因如此，有时也会出现"即使接受了咨询，却没有看到改善"的结果。

因此，下定决心"改变自己，真正变得幸福"比任何事情都重要。

3

心理咨询与演变

面对自己是一件让人感到害怕的事情。但诚实地接纳并深入理解自己的内心究竟发生了什么，则是非常有价值的事情。

特别是，越是接受深入的心理咨询，得到一种自己被关心、被在乎的情感理解，就越能接纳和爱惜自己本来的样子。

这样一来，我们也可以接纳他人原本的样子，并以亲切的心态与他们相处，人际关系也会变得更加丰富。因为只有当我们能够接纳自己内心的真实情感时，才能接纳他人的真实情感。

而且，越是能接纳和爱惜自己本来的样子，情绪低落、情绪波动、情感爆发等心理上的苦恼也会越少。

进一步说，我们还能学会在与他人的关系中建立健康的心理边界，与不尊重这条边界线的人逐渐分道扬镳的同时，与尊重这条边界线的志同道合之人结缘。

真正了解自己的内心，需要有探索自己的勇气，以及不管发现什么都一并接纳的谦逊。如果拥有了这种勇气和谦逊，你就可以寻求专家的帮助了。这还将有助于发展自己希望拥有的种种特长和能力。

例如，孩子持续接受游戏疗法（面向儿童的心理咨询方法）期间，可能会出现成绩提高、智力测验的结果趋于良好、朋友关系有所改善、在学校的问题行为减少等表现，这都并不是什么稀奇的事情。

成年人也可以通过心理咨询，意识到自己真正想要做的事情，提高在该领域的能力，并从此开始规划自己有意义的充实人生。

如何从被心理创伤和情绪黑洞所支配与摆布的生存方式中脱离出来，收获成长，并开始过上幸福、充实的生活呢？心理咨询将帮助你实现这一转变。

4

我的心理咨询方法

有效的心理咨询方法有许多种。作为专业心理咨询师，我主要使用互动式共情咨询法、情感滋养疗法和迪马提尼疗法这三种方法进行心理援助。

本书中，我也会为您简单介绍这些心理疗法。这是为了便于您了解专业心理咨询的内容，同时明白心理的痛苦是一件可以得到解决的事情。

许多心理咨询师虽然使用不同的方法进行治疗，但都秉持着相同的想法和理念。

① 互动式共情咨询法

在互动式共情咨询疗法中，来访者每周都要来心理咨询室，并且在心理咨询期间，他们可以自由地谈论任何他们想谈的事情。

　　在咨询对话中呈现了这样一个自由的空间：在这里，不管你说了什么样的话，都不会受到评价或指责，所以你只需要重视自己，站在自己的角度理解自己的一切。这样的场合在日常生活中几乎可以说是没有的。因此，共情咨询的时间类似一种"心灵的星期天"，是十分珍贵的。

　　用身体的健康来比喻的话，通过保持良好的饮食和适度的运动，我们身体内部的自我愈合能力会帮助我们修复损坏的部位，虚弱的部位也能得到加强，从而变得更加健康。

　　心灵也是如此。定期与心理咨询师会面，并在见面时畅所欲言，想讲什么讲什么，自然而然地就能开始学会面对自己的心灵。随着与咨询师建立起信任关系，还会有越来越多的话题涌现。

　　通过像这样自由地谈论自己想谈论的事情，"我真正感受到了什么""我在想什么""心理负担和痛苦到底来自哪里""我真正想做什么"等问题会逐渐明朗。同时，你也会更温和、更富有同情心地理解自己。

　　这与基于分析自己或基于研讨会获得的知识而形成的

理解是完全不同的概念。与理智上的"理解"不同，随着情感上的体悟不断深入，深刻的痛苦将逐渐得到彻底的治愈，心灵也会变得更加健康。

② 情感滋养疗法

我在应用情感滋养疗法时，一直说它是一种被称为"Hakomi Therapy"[⊖]的疗法。

"Hakomi"是美国土著居民霍皮族的语言，相当于"你是谁"的意思。

情感滋养疗法与互动式共情咨询基于相同的理念。

咨询师只会真正地关心原原本本的你和你本身的一切，并会注意不去做任何你不想做或是感到恐惧的事情。他们也不会给你施加压力。

在这种关系中，你可以自由地谈论任何你想谈论的事

⊖ Hakomi Therapy，指哈克米疗法，Hakomi 是一个霍皮族印第安词，被借用来描述由治疗师兼作家 Ron Kurtz 及其培训人员在美国开发的独特的身体包容性心理治疗方法。它融合了东方的正念冥想（mindfulness）与西方心理科学发展的个人成长与心理辅导新取向，被认为是人本主义心理治疗方法的新发展，将"正念冥想"作为必要的元素，让来访者通过进入冥想的状态，提高觉察情绪、记忆的能力，以非强迫的方式，协助个人探索与发现自我。

情。到这为止，这些都与互动式共情咨询相同。

与互动式共情咨询的不同之处在于，在情感滋养疗法中，咨询师会在你的话中选择一些尤为重要的部分，并温和地询问：

"为了解决烦恼的根源，今天我们一起来就某某事情仔细看看你的内心中到底发生了什么吧？你觉得如何？"

举个例子，你可能会因为女儿说的话而感到烦恼，或者因为工作中发生的事情而感到生气等。如果你也想探索一下咨询师提出的那件事，那么接下来的咨询就会变成针对那件事的探索与分析。

在探索的时候，首先要稍微练习一下如何达到"正念"这种状态，即将注意力集中在心灵和身体上。进入这种状态后，再将注意到的事情用言语表达出来，传达给咨询师。

在"正念"的状态下，你不需要强行做任何事情。像强迫自己一定要注意到某事、一个劲儿想要找到焦虑的原因或者想要避免焦虑等，这些有意而为之的努力都不需要。只需要将注意力集中在心灵和身体上所自然发生的事情上即可。哪怕你什么也没想到或感觉不到，那也没有关系。即使这样，通过参加心理咨询，你的心灵仍然能得到治愈，变得越来越健康。

当你在不进行任何主观的努力，处于"正念"的状态时，心灵的自我愈合能力就能得到发挥。

然后，你会感觉到过去没有得到过的心灵滋养，也可能会注意到自己由于过去的痛苦经历在不知不觉中所形成的负面想法，并发现它正在发生改变等。诸如此类，心灵的治愈和成长所必需的事情，会在一个不会使你感到勉强的、最合适的节奏下逐渐发生。

③ 迪马提尼法

迪马提尼法在解决特定问题方面具有惊人的效果和即时性。它更适合那些希望快速减轻痛苦和不适感，而不是仅仅希望别人理解和共情自己的人。

关于这种方法的效果，我们会在后文详细讨论。

【专栏】 我的个人成长和咨询经验

在20多年的时间里，我接受过心理咨询、心理治疗等各种各样心理方面的帮助。在某次咨询过程中，我心中突然涌现出了这样一种念头：

"如果我不够有能力，那么我存在的价值就很低。"

与此同时，一股深深的悲伤涌上了我的全身。这是一种十分浓烈的情感，让我有一种全身快要起鸡皮疙瘩的感觉。

我第一次意识到，这样的信念一直存在于我的内心深处。

所谓"没有能力，就没有什么存在价值"，换句话说，其实相当于我认为自己是一个没什么价值的人。因此，只有通过使自己变得有能力，才能赚取一些存在的价值。

也就是说，我一直以来都认为自己本质上是没什么价值的。

● 我内心的痛苦

我之所以在内心深处有这样的感觉，是因为在童年时期曾经有过被父母否定和侮辱的经历。

这是我长大之后才从母亲那里听说的，据说在我出生时，父亲的收入很低，还把微薄的薪水都花在喝酒和赌博上，也不怎么回家……

那时是经济高速增长时期，社会上一片欣欣向荣的景象。但母亲却过着非常贫困的生活，连可以果腹的食物都没有，经常挨饿。她还说，那时她的奶水质量也很差。

在这样的环境下，母亲独自抚养两个幼儿，被孤独感和不安感压得几乎喘不过气来，得了产后抑郁。有一天早晨，父亲突然发现榻榻米的坐垫底下藏着一把开了刃的菜刀。

那把菜刀，就放在一岁的我和刚出生的妹妹睡觉的垫子和破旧的榻榻米之间。

把菜刀藏在这个地方的人，正是母亲。

那时的她，大概正打算带着我和妹妹一起自杀吧。父亲惊慌失措，带母亲去看了心理医生，有一段时间，尽管父亲为了监视母亲而暂时请假在家，但有一次，母亲还是抱着年幼的我和妹妹站在了火车站的月台上。

"如果这样跳下去，会有多么轻松呢……"

母亲曾经向已经长大的我坦白谈过，说她那时一片混乱的头脑中，曾经浮现了这样的想法。

● 离开父母生活

父母的生活非常贫困，为了生活，他们两个人只好都出去工作。母亲白天做文员，晚上去打扫大楼，有时甚至一天要打三份工。

他们的生活已经被工作占满了，以至于完全没有时间来照顾我和妹妹。

于是，三岁的我和两岁的妹妹被送到了爷爷奶奶家。

这个地方距离我们家非常远，往返车程需要八小时以上。但是，我记得我在爷爷奶奶家住的那几年是非常幸福的。爷爷奶奶把我们这些年幼的孙辈看作他们的掌上明珠。他们非常疼爱我们，温柔地抚育我们。

然而，当我成年后去看心理医生时，突然，我感到一阵孤独感瞬间涌入我的全身。当我尝试不去逃避，而是直面这种孤独时，小时候因和父母分开生活时而产生的那种强烈的孤独感突然苏醒了。

我并不否认在宠爱我们的爷爷奶奶家度过的日子是幸福的，但与此同时，这段"玫瑰色的日子"的记忆也成了我避免回忆起孤独的屏障。

虽然我并没有意识到，但曾经被我深深压抑以至于无法感知到的情感，对我的人际关系和心理健康都产生了负面影响。

我成了一个对感情很迟钝、难以感动的孩子，不怎么积极向上，没有活力，也害怕以自己真实的样子与人接触，关闭了自己的心扉。

● 父母离婚

在我五岁时，我和妹妹被父母从爷爷奶奶家接回了身边。在冷漠的大都市一间又旧又小的廉价公寓中，我们又开始了和父母居住在一起的生活。他们每天不停吵架，因为捉襟见肘的生活而疲于奔命，不断地忙碌于工作。到了我上小学时，早已关系破裂的父母最终离婚了，父亲也离开了家。

我妈妈成了单身母亲。因为需要拼尽全力工作才能抚养我和妹妹，她的焦虑、孤独、愤怒和不安感比以前更强烈了。

我时常会被母亲训斥"蠢货！""笨蛋！""窝囊废！"，她还会用巴掌打我的脸。甚至有一次，她把菜刀悬在我的手指上面。我慢慢成了一个神经质、胆小且萎靡不振的孩子。身体也变得骨瘦如柴，体弱多病，常常需要在上课途中离开教室，去医务室躺着。喜欢神经质地咬指甲的习惯也是从那时开始养成的。

从小学高年级到初中的那段时间，我还一直被欺负。

当时，日本各地的校园暴力行为都很猖獗。在我就读的初中，也有很多四处惹事、为非作歹的学生。心中充满焦虑又畏首畏尾的我，成了欺凌者眼中再合适不过的目标。我被那些闹事的学生们拳打脚踢，在学校里终日惴惴不安。

初中三年级时，我在家校联系手册上被老师评价为"不知道他在想什么的学生"。由于当时的我根本无法相信他人，总是畏缩着想要将自己隐藏起来，所以会被班主任老师这样评价也是理所当然的。

那时的我，在学校里给自己的心划定了一条牢固的边界，不会向人展示自己真正的想法。因此，我感到很孤独。很多人担心"别人不理解我"，那是因为他们隐藏了自己的本心，不让别人看到自己的真实面目。

● 母亲尚未愈合的心理创伤

在母亲成长的家庭里，父母和孩子之间，乃至兄弟姐妹之间的关系似乎都不是很好。高中毕业后，母亲离家出走，离开了她的父母。

在我母亲心里，一直残留着一道小时候留下的深深的伤痕，而且即使到现在，她心中有一部分空间仍然在憎恨着她已故的母亲（我的外婆）。我母亲从不承认这一点，她曾经告诉我，她很感谢我的外婆，我想她的这种感觉也并不是说谎。

但另一方面，我能感觉到母亲对她的母亲仍有愤怒的情绪。

然而，我也明白，我的母亲在当时和现在，都是在她所能理解和所能做到的范围内，尽其所能认真地生活。

在我看来，母亲的生活方式是笨拙的，由于她根深蒂固的童年的创伤，她在生活中会不断做出一些对我和妹妹造成伤害的行为，而这其中受伤最深的无疑就是她自己。但我的母亲，不论过去还是现在，都在她的能力范围内尽力地生活。

● 从伤痛到治愈

终于长大之后，虽然我没有意识到，但童年的很多痛苦仍然存留在我的内心深处，对我的日常行为和感受产生了很多负面影响。比如，在大学时，我有时会无缘无故地突然感觉孤独得忍受不了。有时又因为被别人所过分依赖，感觉是十分沉重的负担。

埋藏在我内心深处的痛苦，也使我在成为一名专业咨询师的道路上蒙上了阴影。

我怀着成为一名优秀心理咨询师的强烈愿望，为此付出了十万分的努力。

之所以会努力到如此地步，我想其中有一个理由也是因为爱，即"我希望人们都能够幸福"。

同时还有一个原因，在于我缺乏自我价值感，我觉得

"如果我不成为一名有能力的心理咨询师，我就觉得自己没有必要存在于这个世界上"。

所以，我在巨大的压力下努力工作。但我作为一名咨询师的能力仍然有限，咨询工作进行得不顺利的情况也时有发生。

但就如同我在本专栏的开头提到的那样，以那次心理咨询为分界点，在我身上，有一些变化确实发生了。正是在这次咨询中，我切实地感受到了，并讲出了我心中那种"如果我不够有能力的话，就没有在这个世界上存在的价值"的低自我价值感，以及时常涌向全身的深深的悲伤。从那次咨询之后，我在处理事情时变得可以更轻松地应对，情绪也更稳定了。

我现在仍然在坚持付费向专业人士咨询，致力于更深层次的心灵治愈和成长。

随着一步步的成长，我已经学会了如何划分自然的心理边界，并开始重视并尊重自己内心的真实想法，这也使得周围的人更加尊重我。此外，随着心灵的治愈与成长，我感觉作为心理咨询师的自己也在不断成长。

5

迪马提尼法的效果

关于前面提到的迪马提尼法，我还想再详细地说明一下。

对于我们来说，不论是对他人或我们自己也好，对过去发生的事情也罢，只要是我们对此无法怀揣感恩之情的事情，都会成为我们生活中的负担。

"能与这个人相遇，真是太好了""那个人做了那件事情，太好了""能有这种经历，真是太好了"等，所有无法让你单纯地产生上述想法的事情，都会成为现在生活中烦恼的原因，成为心理的负担或限制。

曾受他人伤害的经历、罪恶感、失去某个人的悲伤、对某些人感到生气或讨厌、在意他人眼光的不安感、感到不幸的事件等，全部这些负面的情感都可以通过迪马提尼法解决。在迪马提尼法中，一项负面情感可以在一到数次的咨询中解决，然后自然而然地就会涌现爱和感激之情。

在迪马提尼法中，几十年无法解决的心理痛苦、仇恨、罪恶感、自卑感、失去重要的人的悲伤等，在几小时内解决的案例并不罕见。此外，它不仅可以解决心中的烦恼和痛苦，而且对于那些原本已经在自己的领域中取得了一些成绩，想要更进一步发挥自己的力量的人，或是想要在工作中找到意义，想要变得充满干劲的人来说，也非常有效果。

众多在我这里接受了迪马提尼法咨询的来访者中，我想着重介绍一下其中三位咨询者的经历。请注意，来访者的名字都是化名。

① 罹患癌症而一直生活在焦虑中的孝典先生

（60 岁管理者）

孝典先生是一位公司管理者，手下雇用了几名员工。

他患有癌症，但根据主治医生的判断，只要服药抑制癌细胞的发展，他就可以像普通人一样生活。因此他并没有住院，而是像以往一样正常工作。从外表看，他也完全不像一个病人。

然而，由于不知道癌症何时会恶化，不安一直笼罩着他。因此，他来到了我的咨询室接受迪马提尼法的治疗。

通过在我这里进行的咨询，孝典先生逐渐意识到了以下这些事情。

单身时期的他在创业起初，曾经因经营失败而导致公司破产。

他说："我是一个想不断尝试新事物的人。"

但是现在，由于患有癌症，他变得更加谨慎，行为方式也变得冷静自持，尽量避免涉足新领域。

他说："如果我没有癌症，我肯定早就跃跃欲试了，去抓住各种赚钱的机会。但是，由于这种病，我变得更加慎重，只专注自己最擅长的业务。正是因为如此，我才取得了现在的成功，没有让我的妻子和孩子流落街头。"

孝典先生意识到了这一点。

他说："癌症，谢谢你。原来与癌症同行并不是一件坏事，而是值得感谢的。"

随着这番话的说完，一种对于癌症的爱与感恩之情涌上他的心头，他的眼泪也不禁夺眶而出了。

像孝典先生这样，接受这种疗法，就可以不再被不安与焦虑所困扰，而是为了自己真正重视的工作和家庭每天认真生活，一步一步活出真正的人生。

② 苦于心理疾病的聪美小姐

（40 岁福利机构工作人员）

长年以来，聪美女士一直饱受各种症状的折磨，包括失眠、恐慌障碍、情绪极度低落等。一旦恋人稍微对她冷淡一点，她就会感到极度不安、大哭大闹，甚至变得极度沮丧，以至于第二天无法工作。

聪美女士参加了两次迪马提尼疗法的课程，并讲述了她参加课程前后的变化。

在第一次课程中，我花了 4 个半小时，主要都是在处理我与母亲之间关系的问题。因为多年来母亲一直对我漠不关心，从不夸我，我一直感到有些生气，还有点失落。

但是，我慢慢意识到正是因为从来没有得到过母亲的评价，我才能获得数百名福利机构用户的好评和喜欢（聪美女士作为福利机构工作人员，积极与众多用户沟通，主动热情地为他们提供服务。这正是因为她没有得到过母亲的好感和关心，因而十分渴望获得用户的好感和关心）。我这才意识到，母亲的漠不关心实际上为我的成就做出了巨大的贡献。

从那一刻起，对那个一直对我十分冷漠的母亲，一种"谢谢你一直对我漠不关心！"的感激之情油然而生。自那以后，对于母亲的冷漠和敷衍，我不再像以前那样感到空虚和难过了，也不会再让她的言行动摇我内心的想法。

此外，因为有相似的经历，我格外能理解那些在成长过程中无法从父母身上得到关注和关心的用户，他们不知道经历了多少苦痛和悲伤。这也使我获得了在福利支持工作中必不可少的共情能力。对我来说，能够成为用户心灵的支持者，就像获得了数万人的赞誉一样。正是因为母亲一直对我漠不关心，我才能获得这一切！

在第二次咨询中，我主要处理了与父亲的关系，以及对性的厌恶感。我的父亲曾经屡次出轨，我认为他是一个肮脏的人，对他的所作所为我一直以来都感到很愤怒。

然而，在治疗过程中，我发现正是因为父亲不顾及母亲和我，所以我自己一直在幻想一个理想的男人，并一直以来都在努力，为了使自己成为能够得到这个男人的爱的样子。正是因为我为了得到这样一份爱情付出了努力，后来，我终于与一位有一定社会地位的男性交往，并从他那里收获了理想的爱情。

最重要的是，我理解到在社会上被人们所不齿的现象中，存在着与负面因素同样多的正面因素。从此，我对男性的洁癖得到了缓解，生活也能过得更轻松了。

以前，我总是对男性保持着极端的距离，为了不受伤害而过度防御。而且，当男性对我表现出性关注时，我会感到一种难以忍受的屈辱，只是看到或听到男性自私或无理的行为就会感到无比的愤怒。这种过度反应的根源，其实是我对父亲"对家庭和我不管不顾"的强烈愤怒。

然而，当我意识到父亲的行为给我带来的积极因素和消极因素同样多时，这种多年来积压的强烈愤怒便逐渐开始融化了。

而且，我发现父亲那种"坚持自己信念"的性格也同样存在于我身上，我发现它表现为我对自己工作理念的坚持。

从那时起，我不再像以前那样不顾一切地工作，也不再给自己施加沉重的负担，而是能够更加自由地把工作作为自己的理想而坚持下去，并把自己从繁重的责任中解脱出来。

● 被强奸造成的伤痛

另外，关于在第二次咨询中讨论的对性的厌恶感的话题，我曾经遭到一个陌生男子的强奸。这个经历让我感到自己的身体就像污物一样被踩躏，灵魂受到了无比的摧残。

这个童年时期的经历非常深刻，使我在无意识的情况下对性产生了强烈的厌恶感。对异性产生了"再也不能相信男性了，一旦相信自己就会被玷污"这种绝对的不信任感。

因此，我在与异性交往时，内心深处总是潜藏着一种不信任感，认为"总有一天他一定会背叛我，毕竟没有人爱我"。

然而，在第二次治疗中，我发现了一件非常重要的事。那就是，我了解了如何真正意义上地重视自己的身体、心灵和灵魂。

并且，我了解到真正关心我、爱护我的人应该是什么样子的。与此同时，我也会找到那个能看到我的内在，并且爱慕和重视我的内心的人。

经过迪马提尼法的治疗，我意识到，我可以对自己看异性的眼光更自信一些，我感到了巨大的幸福和安心感。

我意识到，痛苦的产生是因为我们把负面因素看得太重而使内心无法平衡。当我意识到了痛苦经历中的积极因素后，我终于可以发自内心地真诚地说"谢谢你让我经历这些"。自那以后，我对于被异性"背叛"的不安感和恐惧感少了很多。

通过这两次治疗，我学到的是"我必须首先好好珍惜自己"。在一直以来的生活中，我都认为："即便我不快乐也没关系，只要别人能幸福就好了。"

其实，这似乎并不是重视他人的表现。如果我连自己都无法重视，是不可能去重视别人的。在信任别人之前，我需要先信任我自己，这才是信任的基础。

我还意识到，安全感并不是别人给的，而是从对自己的信任感中自然而然产生的。因为我相信自己的感觉，相信"我是被在乎着的"，所以我才会感到安心。也正因如此，我对别人的愤怒和对背叛的恐惧便减少了，孤独感和不安也随之减少了。

自然而然地，我可以睡得很好，多年来困扰我的失眠、恐慌发作和躁郁症都得到了改善。而且，那种因为恋人有一段时间没给我发消息就突然冒出来的强烈恐惧感也已经离我远去。这是因为我对自己充满了信任，"我相信只要做自己就能够被爱""我相信我自己"。

通过迪马提尼法获得的上述这些认识，是治愈我的最佳良药。

③ 亲自体会到一切都是爱的阳子小姐

（30 岁　　在职业介绍所工作）

一直以来，我都抱有这样的想法："我曾经恨过我的父亲，但现在我已经与他和解，我的心里不再有任何芥蒂了。"所以，当有人对我说，通过这些疗程，我能对曾经暴力相向的父亲只感到爱和感激时，一时间我完全无法相信。

我对心理学、形而上学、佛教、正念、芳香疗法等事物都有着浓厚的兴趣，但我认为更深层次的原因，是我一直在寻找一些能够使我从心底里感到认同的答案，即"为什么他是我的父亲"。我一直认为父亲是一个软弱的人。

同时，我内心里也存在着这样的想法：

"憎恨着父亲的丑陋的我，没有值得被他人（异性）爱的价值。"

但仅仅经过一次心理治疗，我的想法便发生了翻天覆地的变化。

我的父亲，肯定能感受到他作为一个父亲却被他的女儿（我）所憎恨的事实。

但是，他却还是抚养我长大成人，并把我视为世界上最重要的存在。现在，我反而想知道为什么这样的父亲会被视为弱者。

现在，我已经能从心底接受他是我的父亲。我感受到了宇宙的爱、父亲的爱的深度，因此心中充满了感激之情。

"爱，存在于在万物之中，世间一切都由爱组成。"

如今的我已经能够相信这一点，这让我感到无比开心。

现在，我在日常的人际关系中也是如此。即使在对上司产生不满情绪的瞬间，我也会想"无论如何，我最终还是应该对他抱有爱和感激"，这么一想，这种情绪就自然地消失无踪了。并且，我也不会再过度关注对方的反应了。

我认为这种变化，全都与走向爱自己的道路有关。

迄今为止，我曾两次接受了古宫昇先生的迪马提尼法，每次在回家的新干线上，车窗上映出我的脸，看起来都非常平静。

　　那时的感觉并不是飞扬的喜悦，而是一种沉甸甸的、有分量的安心感，就好像我从以前开始（从本质上）就知道应该如此一样。

　　而且，那是一种感到"活着真好"，以及迄今为止人生中经历的一切都值得庆祝的感觉。同时，我也期待着未来。

6

走向真正的治愈与成长之路

有些人读完这三个人的经历后，可能会认为我在肯定父母的冷漠、出轨、对孩子大喊大叫或殴打等行为。我想对此进行说明。

父母对孩子不关心、使用身体或言语暴力、疏于照料孩子、沉迷于酒精或药物，这些都是因为他们曾经也在内心深处受到了极大的伤害。他们之所以进行这些行为，是因为他们也曾憎恨某人，比如，他们的父母。

另外，他们中的大多数人可能自己也没有意识到，他们也憎恨着自己。因为那些爱自己的人是不会进行这些行为的。

谴责和攻击这些行为，或者做出这些行为的人，可以帮助自己获得自我正当性的认可和优越感，即"我是不会做这些事的、正派的人"。但这么做对于彻底清除这些行为，却只会产生反作用。

世上大多数人认为，人们可以被分为"迫害者"和"受害者"，指责"迫害者"，使其感到愧疚，是解决问题或抑制问题扩大的必要手段。

然而，这是不正确的。如果通过指责、攻击、鄙视、惩罚的手段能使这些行为消失的话，这些行为早在很久以前，就应该从这个世界上消失了吧。

施行暴力以及疏于照料孩子等行为的人都是处于痛苦和绝境之中的人。他们需要的不是责备、攻击、鄙视或惩罚，而是理解，是作为人应得到尊重和支持。

罪恶感会压抑人的心灵，使其失去光彩，压抑自己心中原本存在的爱，限制人们向世界做出积极贡献的能力，使人无法接受他人的爱并陷入孤独。结果就是，它常常使人变得倾向于攻击他人，创造出所谓的"迫害者"。

不仅如此，将人们简单地分为"迫害者"和"受害者"的观点，会使被视为"受害者"的人感到无助。是这种观点创造了"可怜、悲惨、无助的人"。并且几乎所有人的心中都有一种想法，即无论自己意识到与否，他们都不同程度地倾向于把自己看作"可怜、悲惨、无助的人"。

对于伤害这样的自己的人，人们通常会怀有愤怒和悲伤的情绪。

然而，当心中充满愤怒和悲伤等痛苦情绪时，我们就无法肯定个体的人及人生，更重要的是无法肯定自己。

真正的治愈在于爱和感恩，而不是"宽恕"。当我们说"我原谅了那个人"时，我们是在说"那个人做了坏事，但我不会再责备他了"，仍然存在"我才是正确的"或"我比他更占理"的这种隐藏想法。这种心态是通往真正解决问题的中间阶段，还不是真正的解决方案。

真正的解决方案并不是宽恕，而是爱和感恩。我们越是能够消减对他人的愤怒和对自己的愧疚，就越会对爱与感恩开放自己的心灵，珍视他人和自己的人生，珍视我们自己。这样，我们也将学会划定适当的心理界限。前面提到的来访者，现在已经开始走在了这条道路上。

为了表明心灵的痛苦和困扰是可以解决的，我们在征得受访者同意的情况下公布了这些故事。

后　记

感谢你花时间阅读本书。

在本书中，我想传达给你的最重要的核心信息是"爱你自己"。

这意味着尊重和珍视自己，爱自己的本来面貌。你越是能够做到这一点，人生就越是能变得顺利，人们也会开始尊重并重视你。

你的生活将不再有不必要的负担，变得更加轻松。你将能够展现自己真正的优点，并活出精彩的人生。

这样的生活方式也会对你的家人和朋友等重要的人产生最积极的影响。

追寻疗愈与成长的旅途是没有终点的。在人生中，无论走到哪里，都能够比以前更加深刻地爱自己，不断地成长和进化，过上这样的生活才是我们本心的强烈愿望。同时，在生活中感受自己正在成长的实感和对某人有所帮助（对某人做出贡献）的实感，对于过上充实而幸福的生活非常重要。

　　阅读本书，是因为你想采取行动去珍视自己，这本身已经是一种爱的表现。

　　请务必在生活中为自己留出时间，尝试本书中介绍的练习吧。

　　我真诚地祝愿你获得幸福。

　　古宫昇

参 考 文 献

（本书的一部分内容参考了以下文献）

[1] Bedrojan, R.C., &Bodicas, G.D.（1994）.Treating family of origin issues: Acognitive perspective.New York: Guilford Press.

[2] Horney, K.（1939）New Ways in Psycho-analysis.New York: Norton.

[3] Horney, K.（1945）Our inner conflicts.New York: Norton.

[4] Jersild, A.T.（1955）.When teachers face themselves.New York: TeachersCollege Press.

[5] Johnson, S.M.（1994）.Character Styles.New York: W.W.Norton&Company.

[6] Karpman, S.B.（1968）.Fairy tales and script drama analysis. TransactionalAnalysis Bulletin, 7, 39-40.

[7] Moorjani, A.（2012）.Dying to be me.Carlsbad, CA: Hay House.

[8] Oliver, B.&Utain, M.（1991）.The healing relationship: A gifted therapistanswers the plea for help from a survivor of

childhood abuse.DeerfieldBeach，FL：Health Communications.

[9] 七海文重（2020）「私のすべてを私が許可する"眠りのセラ
　　ピー"～97％の無意識が心を癒すパーミッションセラピー～」
　　clover 出版．